GODDESS GIRLS series:#20 CALLIOPE THE MUSE by Joan Holub & Suzanne Williams
Copyright © 2016 by Joan Holub & Suzanne Williams
All rights reserved.
Korean translation copyright © 2022 by RH Korea Co., Ltd.
This Korean edition is published by RH Korea Co., Ltd.
by arrangement with Joan Holub & Suzanne Williams c/o EDEN STREET LLC
through KCC(Korea Copyright Center Inc.), Seoul.

이 책은 (주)한국저작권센터(KCC)를 통한 저작권자와의 독점 계약으로 (주)알에이치코리아에서 출간되었습니다.
저작권법에 의해 한국 내에서 보호를 받는 저작물이므로 무단 전재와 복제를 금합니다.

20 칼리오페의 고민

조앤 호럽, 수잰 윌리엄스 글 ▪ 싹이 그림 ▪ 김경희 옮김

주니어 RHK

엄청나게 멋진 우리 독자 여러분, 고마워요!

마사 H., 올리비아 C., 엘라 N., 주빈 N., 매건 D.,
케니 Y., 코코 Y., 코니 S., 라토야 H., 키라 J.,
셸비 린 J.와 버지니아 안나 J., 매디슨 W., 돈 H., 크리스티나 S.,
매카이 O.와 리즈 O., 아리엘 P., 패트로나 C., 티파니와 저스틴 W.,
매디슨 S., 매디슨 S., 패리스 O., 크리스틴 D-H., 카냐 S., 릴리아 L.,
리아나 L., 어맨다 W., 케이틀린과 한나 R., 아리아나 F.,
안드레이드 가족과 알바 C., 아나 B., 재스민 R., 소피 R., 얼리사 B.,
앨리 M., 키라 M., 라나 W., 비비안 Z., 그레이스 P., 제시카 S.,
김지우, 류시후, 유룻, 이가윤, 이수아, 이수예, 최예주, 최주아
그리고 지금 이 책을 보고 있는 당신!

— 조앤 호럽과 수잰 윌리엄스

	사건의 시작	•09
1	난 어린애가 아니야!	•13
2	오른쪽 빈 침대	•36
3	룸메이트 첫 번째 후보	•57
4	놀 땐 놀아야지	•75
5	무대를 망치다	•98

6	세기의 대결	•116
7	아르테미스의 초대	•148
8	룸메이트 두 번째 후보	•161
9	새로운 관점	•176
10	영감이여, 샘솟아라!	•218
11	칼리오페의 룸메이트	•237

사건의 시작

 태양신 헬리오스의 전차가 서서히 서쪽 지평선을 향해 내려가기 시작할 무렵, 일과를 마친 올림포스 학교 학생들은 대부분 저녁 식사를 하려고 학생 식당에 모여 있었다. 그 틈을 타 검은 망토를 두른 형체가 올림포스 학교 근처에 슬그머니 모습을 드러냈다.

 주위를 살피며 아무도 없다는 걸 확인한 수수께끼의 인물은 빈 가방을 손에 꼭 쥐고서 대리석 타일이 깔린 안뜰을 후다닥 가로질렀다. 이윽고 학교 청동 문 안으로 조용히 미끄러져 들어온 검은 형체는 자신의 목적지를 향해 인적 없는 복도를 부지런히 걷기 시작했다.

끼이익!

그때 갑자기 어느 교실 문이 열리더니, 외눈의 거인이 나타났다. 올림포스 학교에서 영웅학을 가르치는 키클롭스 선생님이었다. 화들짝 놀란 침입자는 바로 옆에 보이는 문을 열고 서둘러 들어갔다. 창고로 쓰이는 곳인지 온갖 파피루스, 깃털 펜, 두루마리 교과서가 잔뜩 쌓여 있었다.

검은 망토를 입은 침입자는 창고 선반 밑에 옹크리고 앉아 놀란 가슴을 진정시키며 키클롭스 선생님이 지나가기를 기다렸다.

'휴, 아슬아슬했어.'

이내 창고를 나선 침입자는 서둘러 복도를 지나 방금 키클롭스 선생님이 나온 교실로 향했다. 다행히 문이 조금 열려 있었다. 수수께끼의 인물은 문을 열고 들어서자마자 교실 한가운데에 놓여 있는 커다란 탁자로 거침없이 향했다.

'드디어! 지금이야말로 기회야!'

의문의 침입자는 서둘러 탁자 위를 훑어보았다. 정교한 삼차원 입체 지도가 탁자 위를 완전히 뒤덮고 있었다. 길, 계곡, 마을, 해자가 둘린 성과 30센티 정도 높이로 표현된 높은 산맥까지 지도 위의 모든 것이 놀라울 정도로 사실적이었다. 마법이

걸린 바다에는 아주 작게 축소된 바다 괴물들이 첨벙첨벙 물을 튀기며 헤엄쳐 다녔다. 그러나 미니 괴물이 아무리 신기하다 해도 침입자의 목표는 아니었다. 보드게임 판으로 쓰이는 마법 지도 곳곳에는 영웅 조각상이 놓여 있었다. 침입자의 두 눈은 바로 그 조각상들을 향해 번득이고 있었다.

8센티 크기의 작은 조각상은 보드게임의 말이자 실제 영웅의 분신이기도 했다. 따라서 키클롭스 선생님의 영웅학 수업을 듣는 학생들이 수업 과제로 영웅 조각상을 지도 곳곳으로 옮기면, 인간 세상에서 살아 숨 쉬는 영웅에게 마법처럼 똑같은 일이 발생했다.

침입자는 미리 준비해 온 가방에 게임 판 위의 영웅 조각상들을 싹 쓸어 담고는 재빨리 교실을 나섰다.

그 누구의 눈에 띄지 않고 학교 밖으로 나가는 데 성공한 도둑은 화강암 계단을 성큼성큼 내려가 안뜰을 다시 가로질렀다.

마침내 정체 모를 도둑은 안뜰 끝에 자리하고 있는 올리브 과수원으로 들어가더니, 인간 세상을 향해 부지런히 걸음을 옮기기 시작했다.

'임무 성공이야!'

1
난 어린애가 아니야!

열흘이 꼬박 지난 뒤…….

금요일 오후, 열세 살 칼리오페는 오늘의 마지막 수업을 들으러 건축학 교실에 도착했다. 그런데 자리를 잡고 앉자마자 이상한 소리가 들렸다.

스읏!

소리 나는 쪽으로 고개를 돌렸더니 초록색 피부에, 머리에는 머리카락 대신 열두 마리 뱀이 자라난 메두사가 건너편에 앉아 있었다.

'메두사가 날 부른 걸까? 아니면 뱀들이 그냥 식식댄 건가?'

칼리오페의 속마음을 듣기라도 한 듯 메두사가 고개를 들이밀었다.

"작가 호메로스가 《일리아드》와 《오디세이아》를 쓰는 동안 네가 영감을 많이 줬다며? 사실이야?"

"응."

칼리오페가 고개를 끄덕이자 목덜미에서 느슨하게 묶어 둔 빨간 머리채가 따라서 출렁거렸다.

호메로스에게 영감을 준 덕분에 칼리오페는 꽤나 유명해졌다. 물론 두 책을 쓴 열여섯 살 작가 호메로스의 인기는 말할 것도 없었다. 그야말로 하늘을 찌르는 수준이었다!

"그럼 나도 도와줄래?"

메두사가 진지하게 물었다.

"월요일까지 복수학 숙제를 내야 하는데, 손도 못 대고 있거든. 아무런 아이디어가 떠오르질 않아. 음, 진짜 아무 생각도 없는 건 아니고, 뭔가 쓸 만한 아이디어가 없어."

"주제가 뭔데?"

칼리오페가 망설임 없이 물었다. 올림포스 학교에 다니기 시작한 지 겨우 한 달밖에 안 됐지만 칼리오페는 아이디어를 달라는 아이들의 부탁에 익숙했다.

올림포스 학교 학생 대부분은 칼리오페가 호메로스에게 영감을 준 일에 대해 잘 알고 있었다. 호메로스가《오디세이아》를 쓰는 내내 칼리오페에게 *많이도 떠돌아다닌 그 사람* 오디세우스에 대해 노래해 달라 졸라 댔다고 소문이 파다했다.

칼리오페는 호메로스를 떠올리기만 해도 달콤한 한숨이 저절로 나왔다.

'어쩜 그렇게 멋진 낱말을 많이 아는지. 정말 대단한 재능을 지녔다니까. 뾰족뾰족한 파란 머리는 또 얼마나 귀엽냐고.'

안타깝지만 칼리오페는 먼발치에서 호메로스를 혼자 짝사랑하고 있었다. 하지만 호메로스는 칼리오페가 세상에 존재하는지도 모른다는 생각이 들 만큼, 칼리오페에게 전혀 관심이 없었다. 책에 관해 도움을 받을 때 빼고.

메두사가 다시 칼리오페 쪽으로 고개를 숙이며 물었다.

"어때? 뭔가 좋은 아이디어 있니?"

메두사의 질문을 강조하려는 듯 머리 위 열두 마리 뱀이 몸을 구부려 물음표를 만들어 보였다.

칼리오페는 퍼뜩 정신이 들었다.

'이런! 호메로스 생각에 빠져 메두사의 질문을 까마득히 잊고 있었네.'

"미안, 순간 멍해졌어. 방금 뭐라고 했니?"

메두사는 짜증 섞인 한숨을 쉬더니 리본 선생님을 슬쩍 살폈다. 선생님은 아직 수업 준비 중이었다.

"'네메시스 선생님이 복수를 주제로 에세이를 써 오라고 했다.'고 말했어."

"흐음, 굉장히 범위가 넓구나."

칼리오페는 검지로 턱을 톡톡 치며 생각하다가 다시 입을 열었다.

"그냥 떠오른 생각인데, 복수와 전쟁의 연관성에 대해 써 보면 어떨까? 복수심 때문에 전쟁이 벌어진 경우가 얼마나 되는지 알아보는 거야. 트로이 전쟁만 해도 그렇잖아. 메넬라오스 왕이 자신의 부인 헬레네 왕비를 빼앗아 간 파리스 왕자에게 복수하려고 시작된 거니까."

"글쎄."

메두사가 어깨를 들썩이며 심드렁하게 대답했다. 머리 위의 뱀들도 관심 없다는 듯 고개를 흔들었다.

"다른 아이디어는 더 없어?"

칼리오페는 메두사가 자신의 첫 아이디어를 반기지 않아도 속상하지 않았다. 상대의 흥미를 확 끌어당기는 아이디어를 생

각해 내고, 진정한 영감을 이끌어 내려면 여러 번의 시도를 거듭해야 할 때도 있는 법이니까.

곧 새로운 아이디어를 떠올린 칼리오페가 갈색 눈동자를 반짝이며 말했다.

"복수의 심리에 대해 써 보면 어때? 복수심을 일으키는 원인은 무엇인지, 왜 그런 감정이 드는지. 복수심을 억눌러야 하는지, 감정대로 움직여야 하는지. 이런 걸, 아, 잠깐……."

칼리오페는 하던 말을 끊었다가 다시 입을 열었다.

"다른 아이디어가 떠올랐어. 올림포스 학교 학생들한테 어떤 때 복수를 행했는지 인터뷰를 해서……."

"자, 그럼 수업을 시작해 볼까?"

건축학 담당 리본 선생님이 교실 한편에 놓인 책상에서 일어섰다. 리본 선생님은 오늘도 변함없이 장식 술이 달린 샌들을 신고, 주머니가 잔뜩 달린 조끼를 입고 있었다. 사실 리본 선생님은 보통 체격인데, 조끼 주머니마다 그림 도구를 가득 넣고 다녀서 실제보다 몸집이 훨씬 커 보였다. 그래도 그 조끼 덕분에 각종 크기의 삼각자부터 여러 가지 모형 자, 원을 그릴 때 쓰는 컴퍼스 등의 도구가 필요할 때면 언제든지 바로바로 꺼내 쓸 수 있었다.

교실 안의 모든 학생이 주목하자, 리본 선생님은 다시 자리에 앉아 책상 위의 물건을 뒤적이기 시작했다. 뭔가를 찾는 모양이었다.

칼리오페는 그 모습을 보며 생각했다.

'선생님, 행운을 빌어요!'

리본 선생님의 책상은 온갖 두루마리 설계도, 여러 신전과 건물의 축소 모형으로 가득 차다 못해 넘칠 지경이었다.

리본 선생님은 올림피아에 있는 제우스 신전의 설계와 건축을 맡은 유명한 건축가이기도 했다. 내부에 세워진 제우스의 황금 신상이 고대 세계 7대 불가사의로 당당히 뽑힐 정도로 그 신전은 대단한 건축물이었다.

리본 선생님의 자리 뒷벽에는 손으로 직접 쓴 문장들이 가득 붙어 있었다. 모두 재미난 농담이나 힘을 북돋워 주는 격언이었다.

자신의 미래를 설계하는 건축가가 되자.
우정은 우리 삶의 단단한 기반.
건축가의 의지는 절대 무너지지 않는 법.
살다가 벽을 마주치면 문을 뚫으면 되지.

리본 선생님이 책상 위를 바삐 뒤지는 동안 칼리오페는 메두사에게 얼른 속삭였다.
"이따가 저녁 먹고 내 방으로 올래? 아이디어를 더 줄 테니까 그중에서 골라 보면 어때?"
메두사는 세차게 고개를 끄덕였다.
"그래, 갈게. 고마워."
칼리오페도 내심 신이 났다.
'아싸!'
사실 칼리오페는 단순히 숙제 아이디어를 주기 위해 메두사를 초대한 게 아니었다. 메두사는 꿈에도 모르겠지만, 칼리오페는 메두사가 자신의 룸메이트감인지 나름의 '면접'을 볼 계획이었다. 칼리오페는 아직 룸메이트가 없는데, 메두사도 룸메이트 없이 혼자 지낸다는 소문을 들었기 때문이었다.
칼리오페는 올림포스 학교에 온 이후 쭉 혼자 기숙사 방을 썼고, 그 상황이 못내 싫었다. 여덟 명의, 음, 정확하게 따지자면 올림포스 학교에 없는 일곱 명의 언니가 너무 그리웠다. 가장 맏언니인 우라니아는 올림포스 학교에서 과학을 가르치고 있어 거의 매일 마주쳤다. 문제는, 우라니아가 자꾸 엄마처럼 군다는 데 있었다. 둘의 나이 차가 열네 살이나 나긴 하지만 말이다.

그사이 리본 선생님은 교탁에 서서 학생들에게 다음 주 수요일까지 잊지 말고 개별 설계도 숙제를 제출하라고 주의를 주고 있었다. 칼리오페도 올림포스 학교에 오자마자 내내 그 숙제를 준비하는 중이었다.

칼리오페는 메두사를 슬쩍 쳐다보며 생각에 잠겼.

'메두사는 좋은 룸메이트일까? 같이 시간을 보내 보면 알 수 있겠지. 서로 잘 맞는다 싶으면 메두사한테 가끔 내 방에 와서 자고 가라고 권해야지. 서두를 필요 없잖아. 난 나와 잘 맞는, 좋은 친구이면서 언니들처럼 이래라저래라 하지 않는 룸메이트를 원하니까. 물론 언니들이 좋은 뜻으로 그러는 건 알지만, 난 이제 어린애가 아니거든?'

칼리오페가 정신을 차리고 다시 수업에 집중한 순간, 리본 선생님이 말했다.

"자, 각자 숙제가 어느 정도 진척되고 있는지 한 명씩 돌아가면서 말해 보도록 하자."

'으아, 어떡해!'

칼리오페는 바짝 긴장하기 시작했다.

'아, 내가 첫 번째로 지목되지 않아야 할 텐데. 내 차례가 되기 전에 종이 울리고 수업이 끝나면 좋겠어. 숙제는 내가 계획했었던 것보다 한참 덜 했단 말이야.'

리본 선생님이 책상에서 설계용 자를 집어 들더니 자신의 말을 강조하려는 듯 지휘봉처럼 휘두르며 이야기했다.

"명심하도록! 제우스 교장 선생님과 난 신전이든 집이든, 가장 창의적이고 흥미로운 설계도를 골라서 실제로 지어 줄 계획이다."

리본 선생님은 학생들을 찬찬히 둘러보며 말을 이었다.

"지금이야말로 자신의 설계도에 대해 친구들의 의견을 들어 볼 수 있는 기회야. 누가 먼저 발표하겠니?"

교실 여기저기서 아이들이 손을 번쩍 들었지만, 칼리오페는 잠자코 있었다.

'아쉽기는 하지만 아직 마땅한 아이디어가 전혀 떠오르지 않는걸. 그 소식을 아이들한테 알릴 순 없어, 절대!'

리본 선생님이 금발 머리를 한 포세이돈을 지목했다. 포세이돈은 자신의 두루마리 설계도를 들고 자리에서 일어나 교실 앞으로 저벅저벅 걸어갔다.

촤르륵!

포세이돈은 자신 있게 두루마리 설계도를 펼쳤다.

"저는 새로운 물놀이 공원을 설계하는 중이에요. 아테네에 지은 것만큼이나 근사하면서도 미끄럼틀이나 분수, 수영장이 훨씬 많이 설치될 거예요."

포세이돈은 설계도 위의 앞으로 추가될 시설들을 가리켜 보였다. 미끄럼틀은 소용돌이로, 분수는 삼각형으로, 연못은 동그라미로 표시되어 있었다.

"와, 근사한데!"

디오니소스가 신이 나서 주먹을 치켜들며 소리쳤다. 다른 몇몇 학생들도 환호성을 보냈다.

포세이돈은 친구들을 향해 씩 웃더니 리본 선생님을 슬쩍 쳐다보며 한마디 덧붙였다.

"만약 제 디자인이 뽑히면 아테네에 지은 첫 번째 물놀이 공원의 이름을 따서 '포세이돈 워터 웨이브 2호점'이라고 부를 거예요."

칼리오페는 포세이돈이 아테네에 지은 물놀이 공원에 가 본 적이 있었다. 우아한 곡선을 그리며 떨어지는 대리석 미끄럼틀, 수많은 분수, 연꽃이 자라는 아름다운 연못, 진짜 인어와 바다 괴물까지 사는 정말 환상적인 곳이었다!

하지만 포세이돈의 새 물놀이 공원은 칼리오페에겐 그다지 매력적으로 느껴지지 않았다. 규모가 더 크긴 해도, 시설물들은 이전과 별반 다르지 않았기 때문이었다.

"완전히 새로운 시설을 추가하면 어떨까?"

칼리오페가 적극적으로 의견을 냈다.

"예를 들면 수중 동굴 같은 거. 동굴 바닥에 여러 빛깔의 마법 조명을 비추면 정말 환상적일 거야!"

포세이돈이 고개를 끄덕였다.

"오, 그거 좋은 생각인데? 칼리오페, 고마워!"

리본 선생님도 칼리오페를 보며 빙그레 웃었다.

"아주 근사한 아이디어구나."

이어 리본 선생님은 교실 안을 둘러보며 물었다.

"또 포세이돈에게 주고 싶은 아이디어가 있는 친구?"

아이디어가 없어서인지, 아니면 자기 차례가 올까 봐 긴장해서인지 아이들은 아무도 말이 없었다. 설계도를 이미 그려 두었다면 지금 친구들의 의견을 들어 보는 게 유리했다. 설계자는 전혀 생각하지 못한 문제나 결점을 알아낼 절호의 기회이기 때문이었다.

포세이돈이 자리에 앉자 리본 선생님은 다음으로 칼리오페 바로 앞에 앉은 암피트리테를 지목했다. 두루마리 설계도를 들고 교실 앞으로 나가는 암피트리테를 바라보며 칼리오페는 생각했다.

'저 모습만 보면 저 애가 바다의 님프 네레이데스라는 걸 누가 짐작할 수 있을까?'

암피트리테는 올림포스 학교에서 지내는 동안에는 두 다리로 걸어 다니지만, 물에 들어가면 황금색 키돈이 비늘 넣인 꼬리로 변하는 인어였다. 하지만 칼리오페는 일주일 전 학교 수영장에서 열린 행사에서 암피트리테의 변신 모습을 보기 전까지는 그 사실을 전혀 알아차리지 못했다.

암피트리테도 칼리오페처럼 올림포스 학교에 온 지 얼마 되지 않았지만 벌써 남자 친구도 있는 듯했다.

'포세이돈이랑 둘이서 수업 시간에 눈이 마주칠 때마다 서로 미소를 주고받는 걸 보면 알 수 있지.'

암피트리테가 자신의 설계도를 막 발표하기 시작했을 때, 칼리오페는 턱받침을 하고서 호메로스 생각에 빠져들었다.

암피트리테의 설계도에는 아름다운 바닷속 정원을 만들기 위한 계획이 자세히 담겨 있었다.

"에게해 깊은 바닷속에는 황금 궁전이 있어요. 전 그 궁전을 둘러쌀 정원을 설계해 봤어요."

"바다 족속이 날 기념하기 위해 그 궁전을 세우고 있대."

포세이돈이 으스대며 한마디 덧붙이자, 암피트리테는 그런 포세이돈이 귀엽다는 듯이 방긋 웃었다. 호메로스 생각에 빠져 있던 칼리오페의 눈에 그 모습이 들어왔다.

'저거 봐, 또 웃잖아. 하긴, 포세이돈은 바다와 거기 사는 모든 생명체를 돌보는 신이니까, 바다 족속이 궁전을 세워 줄 만하지. 포세이돈이 그 사실을 자랑스러워하는 것도 당연하고 말이야.'

"맞아요."

암피트리테가 다시 설명을 이었다.

"우리 가족을 비롯한 바다 족속은 열심히 그 궁전을 짓고 있어요. 전 이 정원을 다섯 개의 삼각형 구역으로 설계했어요. 이 다섯 정원은 궁전을 가운데 두고 별 모양을 이룬답니다. 그리고 구역마다 다른 형태의 정원이 들어설 거예요."

이어 암피트리테는 다섯 구역을 번갈아 가리키며 그곳에 심을 식물에 대해 설명했다. 산호초 정원, 기다란 바닷말이 빽빽이 들어찬 정원, 바닷가 웅덩이처럼 보이는 바위 정원, 해삼 같은 동물들과 작고 알록달록한 해초가 자라는 정원, 진주를 품은 조개 등을 배치해서 보물 상자를 주제로 한 정원을 꾸밀 계획이라고 했다.

암피트리테가 설명을 마치자마자 포세이돈이 박수 치며 감탄을 터뜨렸다.

"천재야, 천재!"

칼리오페는 그 모습을 보며 속으로 한숨을 쉬었다.

'호메로스한테 저린 칭찬을 받을 수 있다면 난 뭐든지 해 줄 텐데.'

하지만 호메로스는 도무지 감탄이나 칭찬을 하는 법이 없었다. 적어도 칼리오페한테만큼은.

"다섯 가지이면서 동시에 하나의 정원이란 아이디어가 좋은 것 같아."

칼리오페가 암피트리테에게 자기 의견을 밝혔다.

"음, 그런데 그 다섯 가지를 쭉 연결해 주는 뭔가가 있어야 하지 않을까? 예를 들면 별 모양을 드러내는 테두리라든가."

"아! 조개껍데기나 해초 담장 같은 거 말이구나. 재미있는 아이디어네. 잘 생각해서 추가해 볼게!"

이번에는 다른 학생들도 의견을 내어놓았다. 메두사가 바다뱀과 장어의 서식지가 있는 정원을 꾸미면 좋을 것 같다고 하자 머리 위의 뱀들이 찬성한다는 듯 열심히 고개를 끄덕였다.

결국 칼리오페가 (아직 시작도 못 한) 자신의 숙제를 발표하기 전에 수업이 끝났다. 칼리오페는 안도의 한숨을 쉬면서 가방을 들고 교실 문으로 향했다.

그런데 교실을 나서려는 찰나, 리본 선생님이 칼리오페를 불렀다.

"칼리오페, 잠깐 보자꾸나. 할 얘기가 있단다."

칼리오페는 그 자리에 얼어붙었다가 천천히 선생님 쪽으로 돌아섰다.

"아, 네."

'리본 선생님이 왜 보자고 하는 거지? 불안한데.'

칼리오페는 교탁 앞으로 가서 가방을 만지작거리며 잠자코 서 있었다. 칼리오페의 가방은 유명한 서사시인인 헤시오도스, 아시오스, 에우멜로스, 파니아시스 그리고 *가장* 중요한 호메로스의 이름으로 꾸며져 있었다.

걱정도 잠시, 자신을 향해 방긋 웃는 리본 선생님의 얼굴을 보고 칼리오페는 겨우 시름을 놓았다.

"칼리오페, 네가 수업에 적극적으로 참여하고 반 아이들에게 좋은 제안을 해 줘서 정말 고맙구나."

"칭찬해 주셔서 감사합니다."

칼리오페는 조금 더 긴장을 풀 수 있었다.

"저한테는 별로 어렵지 않은 일이라서요. 뮤즈니까요."

칼리오페를 포함한 아홉 명의 뮤즈 자매는 예술과 과학 분야에서 활동하는 이들이 창의력을 발휘하도록 그들에게 다양한 영감을 주는 일을 맡고 있었다.

리본 선생님이 고개를 끄덕이더니 다시 말을 꺼냈다.

"실은 말이다. *네 숙제*에 대해서는 정작 아무 이야기도 듣지 못해서 마음이 쓰이는구나."

리본 선생님은 각도기를 집어 들더니 가운데 구멍에 검지를 끼우고서 빙글빙글 돌리며 무심하게 질문을 던졌다.

"네 건축 설계 프로젝트에 대해서 얘기 좀 해 보겠니?"

칼리오페는 마른침을 꼴딱 삼켰다.

"음, 그게 지금은 좀 설명하기 어려워서요."

'아, 어떻게든 적당히 둘러대서 넘어가야 하는데.'

칼리오페는 신전 같은 건물을 묘사하는 척 손을 열심히 휘저었다.

"포도 덩굴로 화려하게 장식된 기둥이 죽 늘어서고, 황금으로 만든 온갖 신들의 조각상과 하늘로 15미터나 치솟는 놀라운 분수가 있고……. 하여간 사람들이 바라는 건 다 있어요."

리본 선생님이 고개를 갸웃하며 말했다.

"그럼 네 건물은 어떤 용도인 거니? 누가, 무슨 목적으로 사용하는 곳이야?"

칼리오페는 환하게 웃으며 대답했다.

"그야…… 화려하고 멋진 건물을 좋아하는 모두를 위한 곳이죠."

그러자 리본 선생님은 칼리오페의 가방을 가리키며 물었다.

"아마도 그 멋진 건물에 대한 설계도는 지금 가방 안에 들어 있지 않겠지?"

칼리오페는 거짓말을 할지 말지 망설였다.

'기숙사 방이나 사물함에 두고 왔다고 둘러댈까?'

하지만 칼리오페는 도저히 그럴 수가 없었다.

"네, 없어요."

칼리오페는 자신의 상황과 고민을 리본 선생님께 솔직히 털어 놓았다.

"아이디어를 생각해 내는 건 제겐 쉬운 일이에요. 아이디어는 늘, 수도 없이 떠오르거든요. 그런데 그중 하나를 고르는 게 너무 어려워요. 항상 '이것보다 더 좋은 아이디어가 떠오르면 어떻게 하나.' 하는 걱정이 들어요. 그러다 보니 범위를 좁히고 하나를 고르기가 부담스럽더라고요."

"이해한다."

리본 선생님이 따뜻한 목소리로 말했다.

"하지만 너도 알다시피, 수요일까지는 반드시 숙제를 제출해야 해. 성적에 80퍼센트나 반영된다는 점을 명심하렴. 시간이 얼마 남지 않았어. 지금 가장 마음에 드는 아이디어 하나 또는 몇 가지를 골라서 그걸로 일단 진행해 보렴. 건축가들도 그렇게 한단다. 아무리 좋은 아이디어가 많아도 종이에 옮겨 그리지 않는 한, 절대로 건물을 올릴 수 없어."

리본 선생님이 갑자기 말을 멈추더니 방금 자신이 했던 말을 얼른 파피루스에 썼다. 벽에 붙이려는 모양이었다.

리본 선생님이 다시 고개를 들더니 말했다.

"뮤즈 우라니아 선생님이 네 언니 맞지?"

칼리오페는 고개를 끄덕이며 대답했다.

"네, 저희는 모두 아홉 자매예요. 우라니아 언니가 가장 맏이고요."

그러자 리본 선생님이 진지한 얼굴로 물었다.

"셋이 함께 모여서 네가 이번 숙제에 대해 겪고 있는 어려움을 이야기 나눠 보면 어떻겠니? 네게 도움이 되지 않을까?"

"네? 아니요!"

칼리오페가 얼마나 고개를 세차게 흔들었는지 묶어 놓은 머리가 풀리려고 했다.

'언니가 내 생활에 간섭하는 건 정말 질색이라고!'

칼리오페는 우라니아는 물론이요, 모든 언니들을 깊이 사랑했다. 하지만 언니들은 칼리오페가 벌써 열세 살인데도 여전히 다섯 살배기 취급했고, 이래라저래라 간섭이 많았다.

"우라니아 언니가 지금 엄청 바쁘다고 했어요. 그 뭐라더라, 하여간 처리할 일이 많대요."

칼리오페는 얼른 해명하듯 덧붙였다.

"제 일은 제가 알아서 잘 처리하고 있어요."

리본 선생님은 칼리오페를 빤히 바라보더니 마침내 입을 열었다.

"알겠다. 그래도 마음이 바뀌어서 도움을 받고 싶다는 생각이 들면 언제든지 말하렴. 우라니아 선생님도 기꺼이 시간을 내주실 거야."

"아, 그럼요. 네. 그럴게요."

칼리오페는 장담하며 교실 문으로 향했다. 하지만 속으로는 한 가지 생각뿐이었다.

'절대 그럴 일 없거든요!'

칼리오페는 리본 선생님께 고맙다고 인사하고서 잽싸게 교실 문밖으로 나갔다. 복도에 들어서자마자 칼리오페는 안도의 한숨을 쉬었다.

그리고 이내 칼리오페의 마음속에 단단한 결심이 들어서기 시작했다.

'기숙사 방에 가자마자 책상에 앉아서 무조건 숙제부터 하자. 이번에는 진짜로 하는 거야. 가장 좋은 아이디어를 골라서 집이든 신전이든 뭐든 설계해 보자고.'

칼리오페는 부지런히 걸음을 옮기며 생각했다.

'내 설계도가 제우스 교장 선생님과 리본 선생님의 선택을 받지 못해도 상관없어. 이번에 내 목표는 그저 숙제를 완성해서 건축학 수업에서 좋은 성적을 받는 거야. 성적이 안 좋다는 걸 언니들이 알면, 그때부터는 맨날 내가 무얼 하고 있는지 확인하고 꼬치꼬치 캐물을 테니까. 난 언니들에게 의지하지 않고 스스로 움직이고 싶어. 언니들이 날 어린애가 아니라 십 대로 봐 주면 좋겠다고!'

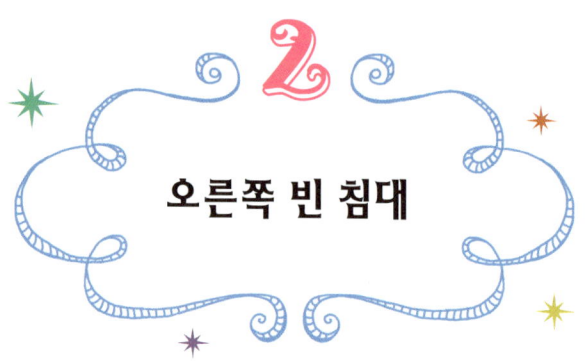

오른쪽 빈 침대

　칼리오페가 4층 여학생 기숙사로 가는 대리석 계단을 막 오르려는데, 갑자기 밖에서 외침 소리가 들려왔다. 무슨 일인지 궁금해진 칼리오페는 현관 출입문 쪽으로 방향을 틀었다.
　'계획했던 것보다 몇 분 정도 늦어지는 건 괜찮잖아.'
　청동 출입문을 열고 밖으로 나갔더니 학교 안뜰에 헤라클레스, 아레스, 하데스를 포함한 남학생들이 아폴론과 마르시아스를 가운데 두고 둘러서 있었다. 마르시아스는 사티로스족이라서 염소처럼 귀가 뾰족하고 이마에는 두 개의 작은 뿔이 나 있으며, 염소 다리와 염소 꼬리를 지니고 있었다.
　칼리오페가 계단 꼭대기에 멈춰서서 상황을 지켜보는 사이,

마르시아스가 아폴론에게 한판 승부를 겨루자고 나섰다.

"아싸!"

전쟁의 소년 신 아레스가 신이 나서 환호성을 질렀다. 그러자 마르시아스가 재빨리 말했다.

"이건 무기를 쓰는 대결이 아니야. 소리를 쓰는, 더 정확히 하자면 음악 대결이라고."

"엉?"

마르시아스의 말에 당황한 건 아레스뿐만이 아니었다. 칼리오페도 의아하긴 마찬가지였다.

'마르시아스 쟨 무슨 생각인 거지?'

"아폴론과 난 내일 그리스 아테네의 디오니소스 극장에서 열리는 음악 축제에서 대결할 거야. 일종의 경연 같은 건데, 우리 둘이서만 하는 거지."

마르시아스는 평소 즐겨 입는, 검은색과 흰색이 섞인 염소털 조끼를 쓱 매만지며 말했다.

윤기가 반지르르 흐르는 그 멋진 조끼는 패션 디자이너 님프인 에코가 마르시아스의 털로 만들어 준 것이었다. 엄청난 장사 헤라클레스가 사자 가죽 망토를 늘 입고 다니는 것처럼 마르시아스도 그 조끼를 자랑스럽게 여겼다. 마르시아스는 그 조끼가 아폴론과의 대결 때 행운을 가져다줄 거라고 믿고 있는지도 몰랐다.

칼리오페를 비롯한 올림포스 학교 학생 대부분이 다가올 음악 축제에 대해 잘 알고 있었다. 심지어 뮤즈 자매는 축제에서 노래를 부를 예정이었다.

칼리오페는 노래는 물론, 모든 형태의 예술적 표현을 사랑했다. 하지만 자매가 한자리에 모이면 언니들이 물어 댈 질문에 칼리오페는 벌써 진저리가 났다. '수업은 잘 듣고 있니?', '공부든 뭐든 도움이 필요하지는 않아?', '올림포스 학교에서 친구들은 많이 사귀었니?', '룸메이트는 아직 못 구했고?' '가디스 걸스 네 여신과 같이 점심 먹어 봤어?' 등등.

칼리오페는 괜히 부루퉁해졌다.

'어휴, 당연히 안 먹어 봤지. 가디스 걸스 중 아프로디테처럼 인기 많은 애들은 친구가 백만 명쯤 된다고! 그래, 내가 전학 왔을 때 아프로디테가 반갑게 환영해 주고 그 뒤로도 친절하게 대해 주긴 했지. 나머지 아테나, 페르세포네, 아르테미스도 마찬가지고.'

그러나 칼리오페는 잠깐 반갑게 스쳐 지나가는 정도가 아니라 늘 자신과 어울려 줄 특별한 친구 한 명을 찾고 있었다.

'친구를 사귀는 데에도 기술이 필요해. 아무나 붙잡고 친해지고 싶다고 들이대면 안 될 일이지. 일단 얼굴을 익힌 다음, 서로에 대해 조금씩 알아가면서 친근감을 쌓아야 한다고. 물론 그동안 방이 좀 쓸쓸하긴 하겠지만. 흠, 어쩔 땐 나도 모르게 베개한테 말을 걸게 된다니까!'

그때, 아폴론이 마르시아스를 빤히 쳐다보며 대꾸했다.

"네가? 감히 나한테? 다른 것도 아니고, 음악으로 한판 붙자고? 진심이야?"

아폴론은 진실과 예언의 신이면서 동시에 음악의 신이기도 했다. 아폴론이 리라를 잘 다룬다는 건 온 세상이 아는 사실이었다.

반면 마르시아스는 관악기 아울로스를 잘 다루기로 유명했다. 제우스 교장 선생님의 딸이자 올림포스 학교에서 가장 영리한 아테나가 발명한 아울로스는 피리처럼 생겼지만, 관이 하나가 아니라 둘이라는 특징이 있었다. 들리는 소문엔 마르시아스가 가장 즐겨 부는 아울로스는 원래 아테나의 것이었다고 했다. 아울로스를 연주하느라 볼이 둥글게 부푼 모습 때문에 놀림당하자 짜증 난 아테나가 아무 데나 던져 버린 걸 마르시아스가 주워 쓴다는 얘기가 돌았다.

하지만 칼리오페는 그 소문을 믿지 않았다.

'아테나는 남들 눈에 예뻐 보이려고 굳이 애쓰지 않는걸. 마르시아스는 다른 방법으로 아울로스를 얻었을 거야. 어쩌면 아테나가 직접 줬을지도 모르지.'

"당연하지."

마르시아스가 싱글거리며 대답하더니 발굽으로 대리석 타일을 타닥타닥 두드리며 까불까불 춤까지 췄다.

"어이, 리라 소년! 한 방 먹을 준비하는 게 좋을 거야! 명성이 곤두박질치게 될 테니까."

마르시아스의 말에 칼리오페는 놀라서 눈을 동그랗게 떴다.

'세상에, 소년 신한테 저렇게 마구 대들다니! 불멸의 존재는 예의 없이 구는 자를 그냥 넘기지 않는데. 촐랑대다 화를 입기라도 하면 어쩌려고 저러지? '재앙은 눈썹에서 떨어진다'는 옛말도 있잖아. 이 학교에선 그냥 날벼락이 떨어질지도 몰라. 아, 그건 제우스 교장 선생님 분야인가?'

다행히 아폴론은 화를 내지 않고 여유롭게 웃으며 대답했다.

"뭐, 꿈꾸는 건 자유니까! 너야말로 이제 망했어."

그러자 듣고 있던 아레스가 불쑥 물었다.

"그럼 이긴 쪽은 뭘 얻는 거야?"

마르시아스가 우쭐대며 대답했다.

"최고임을 증명했다는 만족감을 얻겠지. 더불어 패자는 승자가 원하는 게 있다면 뭐든지 군말 없이 넘겨주기로 하자."

예상치 못한 제안이었는지 아폴론이 멈칫했다. 칼리오페는 그런 아폴론의 반응에 내심 놀랐다.

'설마 지면 어떻게 하나 걱정하는 걸까? 에이, 음악의 신 아폴론이 질 리가 있겠어?'

어색한 침묵이 흐르자 아레스가 아폴론을 쿡 찔렀고, 그제야 아폴론이 웃으며 대답했다.

"좋아, 마르시아스. 도전을 받아들이지. 단단히 각오하고 임하는 게 좋을 거야!"

이윽고 남학생들이 사방으로 흩어졌다. 다들 이 사건에 대해 떠드느라 정신이 없었다. 칼리오페는 건축학 숙제를 번뜩 떠올리고서 다시 학교 안으로 들어갔다.

"얘! 잠깐만!"

기숙사 계단을 올라가는데 누군가가 뒤에서 칼리오페를 불렀다. 뾰족뾰족한 주황색 머리칼의 소녀가 작고 어여쁜 날개를 파닥이며 다가왔다. 소문의 소녀 신 파마였다.

"나 좀 도와줄래?"

파마가 칼리오페를 따라잡자마자 대뜸 물었다. 파마의 입에선 어김없이 구름 글자가 퐁퐁 피어올라 머리 위를 둥둥 떠다니다가 곧 사라졌다. 파마가 무슨 말을 하는지 모두가 보고서 소문을 빨리 퍼트릴 수 있게 만드는 편리한 능력이었다.

"내가 잡지 《십 대들의 두루마리》에 '이 주의 소문' 코너를 연재하잖아. 마감일이 내일이거든."

파마는 정말로 마음이 분주한 듯했다.

"그런데 지금 쓸 만한 소문은 하나뿐이야. 적어도 글감이 하나는 더 필요해. 지금 당장! 둘이면 더 좋고. 혹시 날 도와줄 수 있니? 나눠 줄 만한 영감 없어?"

칼리오페는 어깨를 들썩여 보이고서 파마와 함께 계단을 오르기 시작했다.

"난 이 동네 소문, 음, 뉴스에 대해서 별로 아는 게 없어."

이럴 때면 칼리오페는 자신이 뮤즈라는 사실을 아이들이 몰랐으면 하는 생각이 들었다.

'아, 이제 진짜 숙제해야 한단 말이야!'

동시에 어떤 소식이 머리를 스치고 지나갔다. 칼리오페는 얼른 파마에게 내일 있을 음악 축제에 대해 알려 주었다.

"아, 맞다. 축제를 잊고 있었네. 칼리오페, 고마워. 그런데 좀 더 자세한 정보가 필요해. 내일 뮤즈 자매가 거기서 노래 부르는 거 맞지?"

칼리오페는 고개를 끄덕였다. 어느새 둘은 2층에 도착했다.

"응. 그리고 나도 방금 들은 건데, 마르시아스와 아폴론이 내일 축제 때 음악 대결을 벌인대."

"우아! 진짜?"

파마는 두 눈을 반짝이며 구미가 도는 듯 입술을 싹 핥았다.

"완벽한 기삿거리네! 좀 더 자세히 알려 줘."

파마가 간절히 부탁하기에 칼리오페는 4층으로 올라가면서 조금 전에 보았던 일을 자세히 들려주었다.

"대박이다! 정말 고마워! 특종인데!"

"천만에."

칼리오페는 문득 호기심이 솟았다.

"아까 네가 쓸 만하다던 소식은 뭐였어?"

"아, 이미 열흘이나 지난 소식이야. 영웅학 보드게임 판의 조각상들을 싹 도둑맞았대."

칼리오페는 여학생 기숙사 문을 열고 들어서려다가 기겁하며 돌아섰다.

"도둑맞았다고? 정말이야? 난 그냥 어디 잘못 둬서 못 찾는 줄 알았어."

"응. 도둑맞았대."

파마가 칼리오페를 이끌고 기숙사로 들어가며 설명했다.

"오늘 아침 행정실에 갔다가 키클롭스 선생님이 교장 선생님한테 하는 말을 들었어. 키클롭스 선생님은 처음에 학생 중 누가 장난으로 숨긴 줄 알았대. 하루 이틀 안에 돌아오겠지 했는데, 소식이 없는 걸 보니 아무래도 영웅들이 모조리 납치당한 것 같다고 걱정하시더라고!"

주변에 보는 눈이 없는데도 파마는 말을 마치자마자 손을 뻗어 머리 위의 구름 글자를 흩었다.

"맙소사!"

자기 방 앞에 도착한 칼리오페는 문을 열며 되물었다.

"그럼 의심되는 용의자도 없대?"

파마는 고개를 가로저었다.

"응. 없었나 봐. 잡지 나올 때까지 이 얘기는 비밀로 해 줘, 알았지?"

파마는 서둘러 다시 구름 글자를 흩었다.

"내 연재 코너를 통해 소식이 퍼졌으면 하거든."

"그래. 아무한테도 말 안 할게."

그때, 복도 안쪽에서 문 열리는 소리가 났다. 파마는 그 소리에 끌렸는지 대번에 시선을 돌리더니 눈을 반짝였다. 칼리오페도 궁금해서 목을 쭉 빼고 보니, 아프로디테가 키우는 새끼 고양이 아도니스를 안고서 방에서 나오고 있었다. 검은색 털과 흰색 털이 섞인 아도니스는 금빛 테두리가 둘린 미니 튜닉을 입고 있었다. 아프로디테의 옷차림과 같았다. 일부러 맞춰 입은 모양이었다.

"오오! 가서 저 깔맞춤 의상에 관해 물어봐야겠어. 내 연재 코너에 쓸 만한 좋은 소재가 될 것 같아."

파마는 손을 대충 흔들며 인사하더니 후다닥 아프로디테를 향해 달려가며 어깨 너머로 소리쳤다.

"고마워! 도움 많이 받았어! 내일 축제 때 공연 잘 해!"

칼리오페는 방으로 들어서며 생각했다.

'흠. 아프로디테도 혼자서 방을 쓰는구나. 그러고 보니 파마도 그러네. 그렇담 나랑 룸메이트가 될 수 있지 않을까? 생각해 봐야겠어.'

문득 발치에 작게 접힌 파피루스 한 장이 보였다. 언니 우라니아가 보낸 쪽지였다.

'잊지 말고 새 노래 연습해 둬.'

칼리오페는 짜증이 팍 치밀었다. 언니들은 이런 식으로 사사건건 조언을 하거나 뭘 하라며 재촉해 댔다.

'내가 이런 것도 못 챙기는 줄 아나 봐!'

게다가 여덟 명이나 되는 언니들이 저마다의 분야에서 모두 크게 성공했다는 점도 칼리오페에게는 부담이었다. 우라니아는 뛰어난 교사이자 소문난 아마추어 천문학자였고, 클레이오는 역사학자, 멜포메네는 비극을, 탈리아는 희극을 쓰는 극작가였다. 에우테르페는 올림피아의 오케스트라단에서 활동하는 플루트 연주자이자 서정시를 쓰는 시인이었고, 에라토는 연애시를, 폴리힘니아는 신들의 세계를 노래하는 시를 쓰는 시인이었다. 칼리오페는 여덟 명의 언니 중에서 다정하고 잔소리가 없는 편인 테르프시코레를 가장 좋아하는데, 테르프시코레는 이름난 무용수라서 그리스 전 지역으로 공연을 하러 다녔다.

이렇게 능력 있는 언니들을 둔 덕에 칼리오페는 자신도 그만큼 해내야 한다는 부담감에 시달렸다.

'하지만 언니들이 성공했다고 해서 내 인생을 좌지우지할 권리가 있는 건 아니잖아.'

"지금은 할 일이 많아서 노래 연습할 시간 없어."

칼리오페는 마치 언니들에게 대꾸하기라도 하듯 쪽지에 대고 말했다.

"언니들도 내가 건축학 숙제 못 내서 낙제하길 바라는 건 아니잖아?"

물론 이 말을 언니들 앞에서 소리 내어 말한 적은 없었다.

칼리오페는 우라니아의 쪽지를 꼬깃꼬깃 구겨서 휙 던져 버렸다. 높이 포물선을 그리며 날아오른 쪽지가 "툭!" 소리와 함께 쓰레기통에 떨어졌다. 안에는 전날 언니들이 보낸 쪽지가 이미 한가득이었다.

칼리오페는 곧장 책상으로 가서 파피루스 한 장과 깃털 펜을 꺼냈다. 칼리오페의 방에는 열 자루도 넘는 펜이 문이며, 침대 머리맡의 선반이며 곳곳에 널려 있었다. 영감이 떠오를 때마다 바로 펜을 잡고 기록을 남겨 두기 위해서였다. 생각날 때 써 두지 않으면 이어서 떠오르는 새로운 아이디어 때문에 잊어버리는 일이 허다했다.

'흠, 일단 어떤 건물을 설계할지부터 정해야 하는데. 리본 선생님 말씀 중 하나는 확실히 맞아. 정하지 않으면 아무것도 시작할 수가 없어.'

칼리오페는 지금까지 생각해 보았던 아이디어를 쭉 나열하고서 그 옆에 장단점을 써 보았다. 신전, 집, 콜로세움, 체육관 등 아이디어는 다양했지만, 어느 것에도 흥미가 돋지 않았다. 점점 집중력이 흩어지면서, 칼리오페는 좀 더 특이한 아이디어를 생각하기 시작했다.

멍하니 깃털 펜을 바라보던 칼리오페는 문득 깃털로 이루어진 새 둥지 같은 건물을 떠올렸다.

'흠……. 똘똘한 생각은 아니지만, 그래도 모르는 일이잖아.'

칼리오페는 그 아이디어도 목록에 추가했다.

'우리 집은 헬리콘 산자락, 개울이 졸졸 흐르는 초원 한가운데에 있잖아. 고향 집 비슷한 건물을 디자인해 볼까? 대신 꽃을 심은 초가지붕을 얹는 거야. 혹은 기둥 위에 집을 세우고 그 밑에 봄꽃을 한가득 심어도 좋을 것 같아.'

그렇게 칼리오페는 끊임없이 새로운 아이디어를 좇기 시작했고, 장단점 목록 따위는 까맣게 잊어버렸다. 그사이 파피루스 위에는 번개처럼 생긴 높은 건물, 구름에 싣고서 이 도시 저 도시 옮겨 다닐 수 있는 전차 경주장, 거인의 발처럼 생긴 날개 샌들 상점 등 새로운 아이디어가 스물다섯 가지나 추가되었다.

'이런, 맙소사!'

칼리오페가 아무리 다잡으려 해도, 생각은 야생마처럼 고삐를 뿌리치고 앞으로 달려 나갔다.

'휴, 이럴 때 보면 내 마음도 내 편이 아니라니까.'

짜증이 치민 칼리오페는 펜을 내려놓고서 자리에서 벌떡 일어섰다. 몸을 움직이면 생각을 정리하는 데 도움이 되는 편이라, 칼리오페는 방 한가운데를 서성이기 시작했다. 방 양쪽에 침대, 옷장, 책상이 마련되어 있지만, 칼리오페는 왼쪽 공간만 사용했다. 언젠가 룸메이트가 생길 수도 있으니까.

올림포스 학교에 오기 전, 집에서 언니들과 지낼 때만 해도 칼리오페는 방을 혼자 쓰고 싶어 안달이었다. 때마다 바뀌기는 했지만, 자라는 내내 언니들과 함께 방을 썼기 때문이었다.

그런데 막상 혼자 방을 쓰게 되니, 칼리오페는 혼자 지내는 생활이 달갑지 않았다. 고민을 하다 얼마 전에는 1교시 음악학 수업을 같이 듣는 아글라이아를 초대해 밤늦게까지 수다를 떨고 웃으며 재미있게 놀았다. 칼리오페는 내심 아글라이아가 룸메이트가 되어 주기를 바랐지만, 알고 보니 이미 아궁이를 돌보는 소녀 신 헤스티아와 함께 방을 쓰고 있었다.

'아쉬워라! 뭐, 그렇다고 세상이 끝난 건 아니지만. 룸메이트 없이 혼자 지내는 아이들은 또 있으니까. 메두사도 그렇고, 아

프로디테랑 파마도 있잖아.'

칼리오페는 침대에 털썩 주저앉았다. 그러고는 꽃 모양 베개를 집어 들더니, 웃는 표정을 하고 있는 노란색 꽃술 부분에 대고 중얼거렸다.

"내가 파마를 좋아하긴 하지만, 솔직히 소문의 소녀 신과 한 방을 쓰기는 좀 부담스러워, 그렇지?"

칼리오페는 베개가 고개를 끄덕이는 것처럼 흔들고서 말을 이었다.

"혹시 말실수라도 했다가 구름 글자로 옮겨져서 온 학교 아이들이 다 알게 될까 봐 늘 조심해야 할 것 같잖아."

칼리오페는 베개를 품에 끌어안고서 오른쪽 빈 침대를 가만히 바라보았다.

파자마 파티를 한 날, 칼리오페는 아글라이아를 위해 침대보와 이불을 마련했다. 하얀 바탕에 올림포스 학교 로고와 제우스의 상징인 번개 문양이 새겨진 이불이 여전히 빈 침대를 지키고 있지만, 나머지 공간은 텅 비어 있었다. 언젠가 룸메이트가 생기면(칼리오페는 이 문제가 금방 해결될 거라며 스스로를 계속 달랬다.), 그 애가 원하는 대로 꾸밀 수 있도록 둬야 하니까 말이다.

칼리오페는 이불에 모로 몸을 털썩 뉘었다. 오선지와 음표

무늬의 밝은 노란색 이불은 테르프시코레가 준 선물이었다.

'테르프시코레 언니 같은 룸메이트가 있으면 좋을 텐데. 속마음을 터놓고 편안하게 이야기 나눌 수 있는 친구 말이야.'

멍하니 이불의 악보 무늬를 쳐다보던 칼리오페는 잊고 있던 사실을 불현듯 떠올렸다. 내일 축제에서 부를 새 노래 연습을 해야 했다.

'아윽, 할 일이 너무 많아!'

생각만으로 지쳐 버린 칼리오페는 아예 벌러덩 대자로 누워 침대 옆의 벽을 빤히 바라보았다. 위대한 작가와 예술가 들의 작품에서 따온 인용문이 빼곡히 붙어 있었다. 작가 호메로스 외에도 조각가 피그말리온, 가수 오르페우스처럼 유명한 인물이 가득했는데, 모두 칼리오페의 도움을 받은 이들이었다. 오르페우스의 최신 히트곡 〈미소 뮤즈〉의 가사는 칼리오페가 써 준 거나 다름없었다. 칼리오페는 벽 위쪽에 붙여 놓은 가사 첫 줄을 보며 밝은 소프라노 목소리로 노래를 부르기 시작했다.

"오, 너의 미소는 나의 뮤즈. 그 미소가 내 맘을 홀리지. 하지만 난 네 맘 몰라 헷갈리지. 그대여, 날 상처 주지 말아 줘. 오, 노노노노!"

노래를 부르던 칼리오페의 눈길은 곧 침대 발치에 붙여 놓은 호메로스의 초상화로 향했다. 《오디세이아》가 출간되던 날, 호메로스가 직접 사인까지 적어서 준 선물이었다. 그림 아래쪽에는 '나의 뮤즈에게 감사와 환호를 담아!'라는 메시지도 쓰여 있었다.

지금까지 수많은 예술가에게 영감을 주었지만, 칼리오페가 반한 상대는 호메로스뿐이었다. 칼리오페는 절대 남자아이한테 쉽게 빠지는 편이 아닌데, 호메로스한테는 알 수 없는 묘한 매력을 느꼈다. 하지만 안타깝게도 호메로스는 언니들처럼 칼리오페를 어린아이로만 대했다.

'기껏해야 친한 동생 취급이잖아!'

칼리오페는 한숨이 절로 나왔다.

'언젠가 나도 다른 사람 이름이 아니라 내 이름 앞에 붙는 명성을 얻고 싶어. 그럼 다들 날 어린애가 아니라 어엿한 청소년으로 보겠지!'

제대로 대우받고 싶다고 생각하면서부터 칼리오페의 집중력은 또 흐려졌다.

'휴, 이러다가 진짜 건축학 과목에서 낙제하겠어. 그것만큼은 막아야 해.'

좀 외롭긴 했지만 칼리오페는 올림포스 학교생활이 마음에 들었다. 무엇보다 맏언니 우라니아가 나서서 칼리오페를 받아들여 달라고 제우스 교장 선생님을 설득해 준 데 대해 아주 고마워하고 있었다.

물론 칼리오페는 자신이 이곳에 초대받을 만한 재능을 지녔다고 자신했다. 그저 그 사실을 증명할 기회가 아직 없었을 뿐.

'친구가 있으면, 정확히 말하자면 룸메이트가 있으면 숙제하고 공부하는 데 더 집중할 수 있을 텐데.'

그렇다고 칼리오페가 룸메이트에게 무작정 기대기만 하려는 건 아니었다. 그저 곁에 사귀고 배울 만한 좋은 친구를 바랄 뿐이었다. 집에서 언니들과 그랬던 것처럼, 룸메이트가 공부하면 자연스레 칼리오페도 따라서 공부할 수 있을 듯했다.

"걱정하지 마. 우린 곧 룸메이트를 찾게 될 거야."

칼리오페는 베개를 향해 자신감 넘치는 목소리로 말했다.

"한동안은 너랑 나 둘뿐이겠지만. 자, 그럼 이제 다시 건축학 숙제를 해 볼까나."

칼리오페는 자리에서 벌떡 일어나 베개를 오른쪽 빈 침대에 올려놓았다. 그러고는 마지못해 느릿느릿 책상으로 돌아갔다.

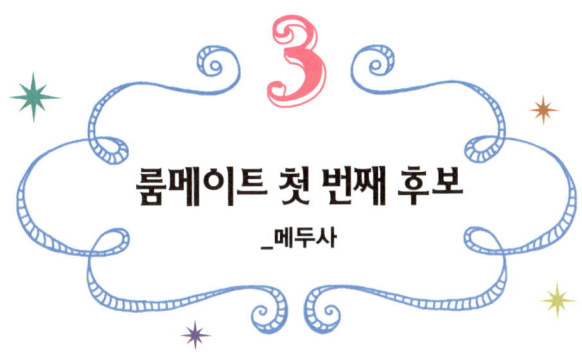

룸메이트 첫 번째 후보
_메두사

　저녁 식사 시간이 다 되어서야 칼리오페는 중구난방이었던 목록에서 아이디어 다섯 개를 겨우 추렸다. 시시하거나, 구름에 실어서 옮겨 다닐 수 있는 전차 경주장처럼 설득력 떨어지는 아이디어는 모두 버렸다. 다섯 개의 아이디어 중 하나를 선택하는 큰일이 아직 남았지만 그래도 나름의 발전이었다.
　칼리오페는 식사를 마친 뒤 서둘러 방으로 돌아갔다. 언니들과 다음 날 축제에서 부를 노래 세 곡을 연습해야 했다. 두 곡은 다른 행사에서 이미 여러 번 불러 보아서 잘 아는데, 나머지 한 곡은 아직 음도 가사도 제대로 외우지 못했다.
　'휴, 미리미리 해야 했는데.'

우라니아가 이번 주 내내 함께 연습하자고 권했지만, 칼리오페는 숙제하느라 바쁘다며 혼자 알아서 연습하겠다고 큰소리를 쳤었다.

'그러고는 물론 안 했지.'

숙제 때문에 바빴던 것은 사실이었다. 하지만 막상 일이 코앞에 닥치니 함께 연습하자던 우라니아의 제안을 뿌리친 게 못내 후회스러웠다. 그때는 이래라저래라 간섭하는 것처럼만 느껴졌고, 그래서 괜히 더 발끈했다.

'그렇게 하나하나 지도해 주지 않아도 된다고!'

칼리오페는 목을 가다듬으며 연습을 시작했다. 내일 부를 노래는 아니었지만 뮤즈 자매가 음악회에서 자주 선보이는 〈똑, 똑, 똑, 제우스의 문을 두드리네〉라는 노래를 열심히 부르고 있는데, 갑자기 누군가 방문을 똑똑 두드렸다.

"네, 네, 네. 지금 갑니다."

계속 노래를 흥얼거리며 문을 열었다. 문 앞에는 메두사가 서 있었다. 칼리오페의 두 눈이 휘둥그레졌다.

'아, 맞다. 복수학 숙제 이야기해 보자고 내가 초대했었지.'

칼리오페는 허둥지둥 메두사를 맞이했다.

"안녕! 어서 와!"

메두사는 칼리오페가 당황한 걸 알아차렸는지 미심쩍은 목소리로 물었다.

"나 기다리고 있던 거 맞지?"

"그럼. 당연하지."

칼리오페는 환하게 대답했다.

'메두사에 대해 알아보려면 이보다 더 좋은 기회가 있겠어? 우리 둘이 잘 맞으면, 메두사한테 룸메이트가 될 생각이 없냐고 물어봐야지. 그럼 바로 고민 해결!'

칼리오페는 방으로 들어서는 메두사에게 빈 침대를 가리키며 말했다.

"이 자리를 쓰면 돼."

칼리오페는 방문을 닫은 뒤 자기 침대에 가서 앉았다.

"별일 없지?"

칼리오페는 얼른 메두사의 차림을 위아래로 쭉 훑어보았다. 머리 위 열두 마리 뱀 모두 목에 반짝이는 리본을 달고 있어서 유난히 눈에 띄었다.

"어머나, 귀여워라. 다들 멋쟁이 뱀이네!"

칼리오페가 얼른 칭찬을 건네자 뱀들이 으스대듯 목을 쭉 뽑았다. 메두사도 함박웃음을 지으며 대답했다.

"이름 알려 줄까?"

칼리오페는 이번에도 내심 놀랐다.

'뱀한테 이름이 있을 줄이야. 자기 머리카락에 이름을 붙이는 사람도 있나? 흠, 메두사는 뱀들을 반려동물로 여기는구나.'

칼리오페는 생긋 웃으며 대답했다.

"그래. 알려 줘."

메두사는 열두 마리 뱀을 하나하나 가리키며 열심히 이름을 불렀다.

"독사, 날쌘이, 꽈배기, 덥석이, 뱅글이, 슬금이, 올가미, 미끌이, 비늘이, 에메랄드, 스위트피 그리고 꼬물이야."

이름이 불릴 때마다 뱀들은 돌아가며 칼리오페에게 꾸벅 인사했다.

'어머나, 이렇게 예의 바르고 사랑스러운 뱀은 처음 봐!'

칼리오페는 기쁜 마음으로 답례 인사를 건넸다.

"얘들아, 만나서 반가워."

"아까 네가 준 아이디어에 대해 생각해 봤는데 말이야."

메두사가 대뜸 숙제 이야기부터 꺼냈다.

"누군가에게 복수하고 싶었던 때가 있는지 학생들에게 물어보면 어떻겠냐는 아이디어가 특히 마음에 들어."

"아, 그래? 다른 아이디어도 좀 더 생각해 볼 수 있는……."

메두사가 칼리오페의 말을 자르고 끼어들었다.

"괜찮아. 난 이미 결정했어. 사실 인터뷰도 이미 시작했고 말이야."

메두사는 주머니에서 '간식'이라고 쓰여 있는 자루를 꺼내며 말을 이었다.

"내 뱀들이 배고프다는데, 이야기 나누면서 애들한테 먹이 좀 줘도 될까? 너하고도 인터뷰했으면 하거든."

"그래. 얼마든지."

칼리오페는 숙제 주제를 후딱 결정해 버린 메두사가 놀랍다 못해 신기할 지경이었다.

'이것저것 좀 더 생각해 보고 싶어 하는 줄 알았는데. 나도 저렇게 빨리 결정할 수 있다면 건축학 숙제는 벌써 끝내고도 남았겠어!'

"칼리오페, 넌 누군가한테 복수해 본 적 있어?"

메두사는 칼리오페에게 질문을 던지며 자루에서 말린 콩과 당근 조각을 한 움큼 꺼내더니 머리 위로 휙 던졌다.

꿀꺽, 꿀꺽, 꿀꺽!

간식이 순식간에 사라졌다.

칼리오페는 뱀들이 잽싸게 간식을 받아먹는 모습을 지켜보며 대답했다.

"나랑 관련된 일로 한 적은 없는데, 우리 뮤즈 자매 모두 나서서 세이렌 세 자매한테 앙갚음한 적은 있어. 허리 위는 여자고 허리 밑은 새의 모습을 지닌 고약한 요정들인데, 누구인지 알아?"

"응, 알아. 암초 위에 앉아서 아름다운 목소리로 선원들을 유혹하는 게 취미잖아. 결국 암초에 걸린 배는 난파되고, 선원들은 물에 빠져 죽고 말지. 그래서 세이렌 자매한테 어떻게 앙갚음했어?"

"음, 그때……."

"잠깐만."

이번에도 메두사는 칼리오페의 말에 끼어들었다.

"메모해야 하겠어."

메두사는 간식 자루를 주머니에 쑤셔 넣더니 반대쪽 주머니를 열심히 뒤졌다. 하지만 허탕이었다.

"앗, 복수학 두루마리 공책을 안 가져왔네. 나랑 같이 내 방에 가지 않을래?"

"좋아!"

'가서 방을 보면 메두사에 대해 더 잘 알 수 있겠지?'

칼리오페는 기회를 향해 대뜸 달려들, 아니 뛰어내렸다. 들고 있던 악보를 책상에 휙 던지고는 침대에서 잽싸게 뛰어내렸으니까. 메두사는 적극적인 칼리오페가 당황스러운 눈치였지만, 별말 없이 칼리오페와 함께 복도로 나섰다.

자기 방에 도착하자 메두사는 칼리오페에게 남는 책상 의자를 내주었다.

칼리오페는 실례되지 않는 선에서 얼른 방을 휙 둘러보았다. 방안의 거의 모든 물건이 초록색이었다. 초록색 물방울무늬 침대보, 초록색 카펫, 열린 옷장 사이로 보이는 키톤도 밝은 금빛 키톤 하나 빼고는 이상하게 느껴질 정도로 모조리 초록 빛깔이었다.

한쪽 침대 위에는 게시판이 걸려 있었는데, 말린 보라색 꽃다발, 오라클 쿠키의 예언 쪽지, 겉에 하트가 그려진 보라색 두루마리 종이 등 잡다한 물건이 꽂혀 있었다.

'보라색 물건은 남자 친구 디오니소스한테 받은 건가 봐. 디오니소스는 보라색을 좋아하잖아.'

책상 위 작은 선반에는 초록색 립글로스, 초록색 매니큐어 같은 화장품이 몇 개 놓여 있었다.

'방을 산뜻하면서 귀엽게 꾸몄네. 너무 어지럽지도, 지나치게 깔끔하지도 않고 말이야.'

칼리오페는 메두사와 룸메이트가 되고 싶다는 소망이 점점 커졌다.

"아까 하던 얘기 계속해 줘. 세이렌 얘기 말이야."

메두사는 책상 위에 두루마리 공책을 펼쳐 놓고서 깃털 펜을 든 채 받아 적을 준비를 하고 있었다.

"음, 어느 합창 대회에서 세이렌 세 자매가 우리 뮤즈 자매한테 지면서 시작된 일인데……."

칼리오페가 빨간 곱슬머리 포니테일을 손으로 쓸어내리며 기억을 더듬었다.

"그냥 그렇게 지나갈 일이었거든? 근데 그 얄미운 세이렌들이 우리더러 속임수를 썼다느니 하면서 야단법석을 부리는 거야. 알고 보니 심사위원에게 뇌물을 먹였나 보더라고. 그런데도 진 거지. 우리가……."

칼리오페는 슬며시 부끄러워졌다.

"근데 이 이야기를 정말 듣고 싶어? 진짜 오래전 일이야. 내가 겨우 여섯 살 때인가 그랬어."

메두사는 호기심 가득한 목소리로 대답했다.

"귀 쫑긋해서 듣고 있거든. 어서 얘기해 봐!"

흥미가 도는 듯 메두사가 칼리오페 쪽으로 고개를 들이밀자 뱀들도 목을 쭉 뺐다.

"뭐, 말도 안 되는 소리를 하길래 혼쭐을 내줬지. 세이렌들의 깃털을 뽑아 버렸어. 다시 깃털이 돋아나서 날 수 있을 때까지 세이렌 세 자매는 꼼짝 못 하고 암초에서만 지내야 했지."

"우아!"

메두사가 열심히 메모를 남기며 말했다.

"근사한 복수였네. 당해도 싸지, 뭐. 불멸의 존재를 정중히 대해야 한다는 건 모두가 아는 사실이잖아. 무례하게 굴었다간 대가를 치를 수도 있으니까."

이윽고 메두사는 펜을 내려놓고서 두루마리 공책을 말더니 자리에서 일어섰다. 이제 칼리오페를 보내려는 눈치였다.

"도와줘서 고마워."

"아, 참!"

칼리오페는 시간을 끌려고 이야기를 꺼냈다. 메두사가 적당한 룸메이트감인지 판단하기에는 아직 정보가 부족했다.

"다른 애들과 인터뷰하면서 재미난 얘기 들은 건 없니?"

"있지."

메두사가 고개를 끄덕이며 자리에 다시 앉았다.

"아테나가 어떤 여자애를 거미로 바꿔 버린 얘기가 제일 흥미롭더라."

"아, 나도 들었어. 아라크네라는 애지?"

"응."

메두사가 씩 웃으며 답했다.

"아테나한테 베 짜기 대결을 하자며 오만하게 굴더니 급기야 더 엄청난 짓을 저질렀지. 제우스 님을 모욕하는 내용을 담아 베를 짰거든."

칼리오페는 호기심이 돋았다.

"어떤 식으로 모욕했는데?"

"그 부분에 대해서는 아테나가 말해 주지 않았어. 그런데 들리는 소문엔, 제우스 님이 실수로 자기 발에 번개를 떨어뜨려서 튜닉 자락에 불이 붙은 채 껑충껑충 뛰어다니는 모습이 담겨 있었다던데."

칼리오페는 놀라서 잠시 할 말을 잊었다.

"아테나로서는 도저히 그냥 넘어갈 수 없었겠네!"

불멸의 존재를 모욕하는 건 결코 현명하지 못한 일이었다. 물론 그들과 대결하겠다고 나서는 일 역시 그리 좋은 생각은 아니었다.

'휴, 마르시아스도 아폴론에게 음악 대결을 신청하기 전에 한 번 더 생각해 보았으면 좋았을 텐데.'

칼리오페는 메두사와 열두 마리 뱀을 보며 방긋 웃었다.

'우리, 룸메이트로 꽤 잘 맞을 것 같은데. 이제 파자마 파티를 하며 하루 같이 지내보자고 할까?'

칼리오페가 말을 꺼내려는 찰나, 메두사가 불쑥 물었다.

"뮤즈로 살면 어때? 음, 칼리오페 너도 무슨 특별한 힘 같은 걸 지녔어?"

"영감을 주는 능력 말고 다른 힘 말이니?"

칼리오페가 되묻지 메두사가 고개를 끄덕였다. 칼리오페는 한참을 진지하게 생각하더니 입을 열었다.

"어느 불멸의 존재처럼 우리 뮤즈 자매도 마법을 쓸 수 있긴 한데, 그게 다야. 영감을 주는 능력도 각자의 전문 분야 안에서만 해당하는 일이고."

"역시 그렇구나. 아, 참. 나《오디세이아》진짜 좋아해."

메두사가 갑자기 자리에서 벌떡 일어났다. 메두사와 칼리오페의 대화가 지루해서인지, 간식을 먹고 졸려서인지 그때까지 뱀들은 잠잠히 메두사의 목덜미에 한 덩어리로 엉켜 있었다.

그런데 메두사가 연극배우처럼 두 팔을 펼치며 《오디세이아》의 한 구절을 읊기 시작하자 뱀들도 함께 몸을 꿈틀거렸다.

아, 인간들은 걸핏하면 신들을 탓하네.
그들은 재앙이 우리한테서 비롯된다고 말하지만,
실은 그들 스스로 벌인 못된 짓 때문에
정해진 몫 이상의 고통을 당하는 게지.

"나도 좋아하는 구절이야!"
칼리오페는 반가운 마음에 목소리가 높아졌다.
"네가 이 문장을 호메로스한테 직접 일러 주고, 호메로스가 그걸 고스란히 받아쓴 거니?"
메두사가 불쑥 묻더니 자기 침대에 책상다리를 하고 앉으며 칼리오페한테도 반대편 침대에 앉으라고 손짓했다.
"음, 그게……."
칼리오페는 침대 쪽으로 가려고 일어서다가 바로 옆 책상 위에 놓여 있던 물건을 건드리고 말았다. 두루마리 두어 개가 바닥에 툭 떨어졌다. 칼리오페가 떨어진 두루마리를 집어 들자 그중 하나가 좌르륵 펼쳐지며 귀여운 그림이 드러났다.

"아, 맞다! 메두사 너도 작가지? 그림도 그리고 말이야. 얼마 전에 네가 만화 경진 대회에서 상 탔다는 소식을 잡지에서 봤어. 심술 여왕이라는 캐릭터가 등장하는 만화였던 것 같은데, 맞지? 대단하다!"

칼리오페는 점점 희망에 부풀었다.

'메두사는 작가이고, 난 작가에게 영감을 주는 뮤즈잖아. 우리 둘이 잘 어울리는 룸메이트이자 단짝이 될 가능성이 점점 커지는데!'

"고마워. 호메로스를 어떻게 돕냐는 질문, 절대로 내 만화에 도움이 될까 해서 물어본 거 아냐."

메두사기 자신감 넘치는 태도로 말을 이었다.

"그냥 영감을 준다는 게 어떤 식으로 이루어지는지 궁금해서 물어봤어."

칼리오페는 떨어뜨린 두루마리 만화를 침대 옆에 올려놓으며 대답했다.

"이렇다 할 방법이 있는 건 아니야. 지금까지 내가 영감을 준 작가나 화가는 이미 재능을 지닌 사람들이었어. 난 그저 그 재능을 끌어내고, 그 사람들이 어려운 문제를 마주했을 때 도와주는 것뿐이야. 내 기억엔, 호메로스한테 이렇게 말해 줬던 거 같아. '인간은 신들에게 아주 불공평하게 굴어. 나쁜 일은 죄다 신들 때문에 벌어졌다고 여기거든. 인간은 완벽하지 않아. 욕심과 어리석음 때문에 스스로 화를 불러들이지.'"

"흠. 같은 생각을 담았는데, 네 말에는 호메로스가 쓴 문장 같은 울림은 없네."

칼리오페는 두 눈을 반짝이며 대답했다.

"내 말이 그 말이야. 호메로스는 정말 대단해."

자신이 영감을 준 대상이긴 하지만, 칼리오페는 호메로스가 그 모든 칭찬을 받아 마땅하다고 진심으로 믿었다.

그런데 메두사가 칼리오페의 반응을 보더니 호기심 가득한 얼굴로 물었다.

"아까 나, 네 방에서 호메로스 초상화 봤어. 너 혹시 그 사람 좋아하니?"

칼리오페는 볼이 발갛게 달아올랐다.

"아니야!"

칼리오페가 얼른 거짓말을 둘러댔지만, 메두사는 여전히 미심쩍은 눈빛을 거두지 않았다. 칼리오페는 메두사의 침대보에 그려진 물방울무늬를 짐짓 손가락으로 따라 그리며 메두사의 눈길을 피했다.

'음, 메두사와 룸메이트가 될 수 있을지 다시 생각해 봐야겠는걸.'

"자, 그럼······."

메두사가 자리에서 일어섰다. 칼리오페를 배웅하려는 듯한 분위기였다.

'우린 좋은 룸메이트 사이가 될 수 있을까?'

칼리오페는 같은 질문을 곱씹어 보았다.

'메두사는 뭐든 하고 싶은 말이 있으면 숨기지 않고 하는 편인 것 같아. 밤에 뱀들이 쉿쉿거리면 잠을 잘 못 잘 수도 있잖아. 그래도 메두사와 뱀들 모두 재치 넘치고 재미있는 성격인 건 분명해. 게다가 나처럼 호메로스의 작품을 좋아한다잖아.'

칼리오페는 단단히 마음을 먹고 쭈뼛쭈뼛 이야기를 꺼냈다.

"있잖아, 행정실 히드라 선생님이 아직 내 방에 다른 학생을 배정하지 않았거든."

아무래도 히드라 선생님이 행정실 업무와 교장 선생님 비서 업무를 함께하느라 놓친 듯한데, 칼리오페는 이왕 이렇게 된 참에 자신과 잘 맞는 룸메이트를 직접 고르고 싶었다.

"어머, 넌 참 운도 좋구나."

메두사가 다시 침대에 앉으며 대답했다. 꼿꼿이 일어섰던 뱀들도 다시 메두사의 목덜미에 따리를 틀었다.

"룸메이트 없이 혼자 지내니 좋지?"

메두사는 칼리오페의 속도 모르고 계속 이야기를 이었다.

"난 3학년 때 여기로 전학 왔는데, 처음에는 판도라랑 방을 같이 썼어. 물론 판도라는 좋은 애지만, 끊임없이 질문을 던져 대니 정말 돌아 버리겠더라. 그래서 판도라의 질문에 더 많은 질문으로 대답했더니 결국 판도라가 행정실에 가서 방을 바꿔 달라 했더라고."

메두사는 킥킥대다가 한마디 덧붙였다.

"이제 아테나가 고생이지."

"아……."

메두사한테 한때 룸메이트가 있었다니, 칼리오페는 전혀 몰랐던 얘기였다.

"판도라가 나가니 그다음엔 히드라 선생님이 파마를 이 방으로 보냈어."

메두사가 주절주절 이야기를 이었다.

"어쩔 수 없는 문제라는 거 아는데, 파마의 입에서 솟아오르는 구름 글자가 판도라의 질문보다 더 괴롭더라고. 맨날 방안에 구름이 자욱해서 숨이 갑갑하더라. 참다 참다 우리 방은 구름 금지 구역이라고 선언했더니, 말을 마음대로 못 하게 된 파마가 결국 이사 갔어."

"그랬구나."

칼리오페는 혹시 자신에게도 미처 깨닫지 못한 성가신 버릇이 있지 않은지 얼른 생각해 보았다.

'나한테도 그런 면이 있다면 메두사는 날 파마나 판도라만큼 곤란한 룸메이트라고 생각하겠지?'

칼리오페는 그 순간 바로 메두사와 룸메이트가 되려던 생각을 버렸다. 직접 들은 건 아니지만, 메두사가 룸메이트를 들일 생각이 없다는 건 너무나 분명해 보였다.

'휴, 다시 새로운 후보를 찾아보는 수밖에!'

놀 땐 놀아야지

 그때, 창밖 학교 뜰 쪽에서 "와!" 하는 함성이 들려왔다. 칼리오페와 메두사는 얼른 창으로 달려갔다. 아이들이 공놀이나 게임을 하려 모여들고 있었다. 그중에는 디오니소스도 보였다.
 "와! 애들이 다 같이 게임하려나 봐! 얼른 나가자!"
 메두사가 문 쪽으로 달려가다 말고 칼리오페를 의아한 눈으로 바라보며 물었다.
 "넌 안 갈 거야?"
 칼리오페는 방에 두고 온 악보를 떠올리며 머뭇거렸다.
 "아……. 난 내일 축제에서 부를 노래 가사 외워야 하거든. 건축학 숙제도 해야 하고."

하지만 칼리오페는 이내 방긋 웃으며 덧붙였다.

"그렇지만 친구들이랑 노는 게 더 재미있지."

메두사도 웃으며 맞장구를 쳤다.

"내 말이 그 말이야! 노래는 오늘 밤이랑 내일 아침에 외우면 되잖아. 숙제할 시간은 더 많이 남았고."

칼리오페는 메두사의 말에 훅 끌려 고개를 끄덕였다.

"그러네! 그럼 가 볼까?"

문을 나서며 칼리오페는 생각했다.

'새로운 룸메이트 후보를 찾아볼 좋은 기회가 될 거야!'

밖으로 나갔더니, 학교 운동장까지 쭉 내리막을 이루는 잔디밭 한쪽에서 아이들이 두 팀으로 나뉘어 '에피스키로스'라는 공놀이를 시작하려 하고 있었다.

에피스키로스는 같은 팀끼리 공을 주고받으며 상대 팀의 진영으로 전진해서 먼저 골라인을 넘는 쪽이 이기는 게임이었다. 놀이 공간 가운데에는 팀을 나누는 하얀 기준선 '스쿠로스'가 그어져 있고, 각 팀의 영역 안쪽에는 하얀 골라인이 따로 그려져 있었다.

한쪽에서 천천히 몸을 풀고 있던 디오니소스가 메두사와 칼리오페를 보더니 손을 흔들며 소리쳤다.

"이쪽 팀으로 와! 무조건 우리가 이길 거야!"

그러자 상대편에 서 있던 아레스가 고함을 질렀다.

"에이, 무슨 얼토당토않은 소리야!"

동시에 학교 안뜰과 맞닿은 쪽 잔디밭에 서 있던 아프로디테, 아르테미스, 암피트리테가 두 친구를 발견하고 소리쳤다.

"메두사! 칼리오페! 이쪽으로 와! 오스트라킨다를 하려는데 인원이 더 필요해!"

'오스트라킨다'도 두 팀으로 나뉘어 진행하는 놀이인데, 다음과 같은 규칙을 따랐다.

- 각 팀을 밤과 낮이라 부른다.
- 한쪽 면은 밤을 뜻하는 검은색, 반대쪽은 낮을 뜻하는 흰색으로 칠한 조가비를 던져 공격과 수비를 정한다. 조가비가 땅에 떨어졌을 때 위를 보이는 색깔의 팀이 먼저 공격권을 얻는다.
- 공격 팀이 수비 팀 중 한 명을 잡으면 한 판이 끝난다.
- 위와 같은 과정을 반복해서 먼저 모든 인원을 잃는 팀이 진다.

"난 에피스키로스 할래, 넌?"

메두사가 칼리오페를 보며 물었다.

"난 오스트라킨다 할래. 저 게임 정말 좋아하거든."

사실이었지만, 다른 마음도 있었다. 칼리오페는 방금 자신을 초대해 준 세 아이와 좀 더 친해지고 싶었다.

'아프로디테, 아르테미스, 암피트리테 모두 혼자 방을 쓰니 룸메이트감 종합 선물 세트잖아!'

"알았어. 그럼 또 보자."

메두사가 디오니소스 쪽으로 달려가자 칼리오페도 오스트라킨다 경기장으로 타박타박 뛰어갔다.

"우리 쪽 골라 줘서 고마워."

아프로디테가 파란 두 눈을 반짝이며 칼리오페에게 상냥하게 말을 걸었다. 칼리오페는 씩 웃으며 장난스레 대꾸했다.

"아냐. 초대해 줘서 나야말로 고맙지. 그래도 나랑 상대 팀이 되면 조심하는 게 좋을 거야. 어릴 때 언니들이랑 맨날 이 놀이를 하다 보니 본의 아니게 실력을 상당히 갈고닦았거든."

그 말을 들은 아르테미스가 반갑게 소리쳤다.

"오, 전문가구나! 그럼 무조건 우리 팀이지."

아르테미스는 운동이라면 뭐든 좋아했고 경쟁을 즐겼다.

곧 여섯 명이 더 끼면서 각각 다섯 명으로 이루어진 팀이 정해졌다. 칼리오페, 아테나, 아글라이아, 암피트리테와 아르테미스가 낮 팀, 아프로디테, 페르세포네, 헤스티아, 판도라, 파마가 밤 팀이 되었다.

"다들 준비됐지? 던진다?"

암피트리테가 조가비를 들고 소리쳐 물었다.

"준비됐어!"

모두가 잔뜩 들떠 소리치는 사이, 칼리오페는 자세를 낮추고서 달려 나갈 준비를 했다.

암피트리테가 두 팀 가운데로 조가비를 높이 던져 올리며 소리쳤다.

"자, 시작!"

조가비가 잔디밭에 툭 떨어졌다. 흰색 면이 위를 보고 있었다.

"흰색! 우리 쪽이 공격이야!"

아르테미스가 팀원들에게 목청 높여 소리치자 낮 팀의 아이들이 환호성을 지르며 밤 팀을 잡으러 다니기 시작했다. 칼리오페는 판도라를 노렸는데, 쫓아다녀 보니 보기와 달리 놀랄 정도로 몸놀림이 빨랐다. 결국 칼리오페는 판도라를 잡는 데 실패하고 말았다.

"잡았다!"

아르테미스가 헤스티아를 붙잡으며 소리쳤다.

"아윽! 아궁이에 솥 걸기도 전에 불이 꺼져 버렸네."

밝게 웃으며 패배를 인정한 헤스티아는 '탈락자 대기 구역'으로 가서 황금 돌고래 조각상으로 장식된 분수대에 걸터앉았다. 활짝 웃는 듯한 돌고래의 입에서 물줄기가 뿜어져 나와 널찍한 연못에 시원하게 쏟아져 내렸다. 아이들은 헤스티아의 재치 넘치는 농담에 깔깔 웃으며 두 번째 공격권 결정을 위해 각자의 팀 자리로 돌아갔다.

아궁이를 돌보는 소녀 신인 헤스티아는 뛰어난 요리사이기도 했다. 파마가 헤스티아의 요리법에 대해 인터뷰해서 잡지에 기사를 낸 적도 있고, 학교 식당에 나오는 메뉴 중 암브로시아 스튜, 천상 샐러드, 넥타르로니 같은 인기 메뉴도 헤스티아의 작품이었다.

칼리오페는 헤스티아를 보며 생각했다.

'아글라이아는 운도 좋지. 헤스티아 같은 룸메이트가 있으면 배식하고 남은 온갖 간식을 맛볼 수 있을 거 아냐!'

다시 조가비를 던졌더니 이번에는 검은색이 나왔다. 공격권이 밤 팀에게 넘어간다는 뜻이었다. 분수대에 앉아 있던 헤스티아가 자리에서 벌떡 일어서더니 큰 소리로 팀을 응원했다.

"달려! 다 잡아 버려!"

밤 팀이 쫓아오자 칼리오페는 잡히지 않으려 힘껏 달음박질 쳤다. 다행히 칼리오페는 달리기를 잘했다. 하지만 아프로디테도 실력이 만만치 않아서 금방 거리를 좁혀 왔다. 칼리오페는 아슬아슬하게 몸을 휙 틀어 아프로디테의 손을 피하고서 잽싸게 달아났다. 그러나 얼마 지나지 않아 페르세포네가 낮 팀의 아테나를 잡아 버렸다.

"도대체 누가 이 게임을 만든 거야?"

아테나가 일부러 짜증스럽게 묻더니 곧바로 활짝 웃으며 말을 이었다.

"아, 발명의 소녀 신인 내가 생각해 내야 했는데. 진짜 재미있잖아!"

발명을 비롯해 여러 분야를 담당하는 아테나는 승부에 졌을 때 멋지게 인정할 줄도 알았다. 아테나는 신나게 웃으며 탈락자 대기 구역으로 가서 헤스티아 곁에 나란히 앉았고, 조가비는 다시 던져졌다.

한참 시간이 흐르자, 이제 각 팀에 두 명씩만 남았다. 낮 팀에는 아르테미스와 칼리오페, 밤 팀에는 아프로디테와 파마가 살아남았다. 그런데 공격권이 밤 팀에 넘어갔을 때, 칼리오페는 파마에게 팔을 붙잡히고 말았다.

"아, 이번에는 내가 잡힐 듯한 영감이 들었어."

칼리오페도 한마디를 툭 던지고서 싱글거리며 분수대로 갔다. 칼리오페의 농담에 탈락자 대기 구역에 앉아 있던 아이들이 까르르 웃었다. 전학 온 지 얼마 되지 않았지만, 칼리오페가 늘 온갖 영감으로 가득 차 있다는 사실은 이미 전교생이 다 알고 있는 사실이었다.

"아니, 그런 싸한 영감이 들었단 말이야?"

암피트리테가 환하게 웃으며 칼리오페를 위해 자리를 마련해 주었다.

이제 낮 팀에는 아르테미스가, 밤 팀에는 아프로디테와 파마, 둘이 남았다. 다시 조가비가 던져졌고, 이번에는 공격권이 낮 팀에게 넘어갔다. 탈락자 대기 구역에 앉아 있던 아이들이 모두 일어나 자신의 팀을 열심히 응원하기 시작했다. 칼리오페도 힘을 더했다.

"아르테미스, 힘내!"

아르테미스는 파마와 아프로디테를 향해 힘껏 달려 나갔다. 아르테미스의 얼굴에 반드시 이기고 말겠다는 결의가 엿보였다. 파마와 아프로디테가 도망치느라 분수대 앞을 지나는 순간, 아르테미스가 손을 앞으로 쭉 내밀었다.

"잡았다!"

아르테미스가 아프로디테의 어깨를 붙잡더니 잔뜩 들떠 소리쳤다.

아프로디테는 까르르 웃으며 분수대 옆 잔디밭에 털썩 주저앉더니 숨을 헐떡이며 대꾸했다.

"아, 잡혀서 다행이야. 계속 달렸더니 힘들어서 기운이 다 빠졌거든. 온몸이 땀범벅이야. 꼴이 엉망이지? 세수하고 단장을 새로 해야겠어. 생각난 김에 주말에 불멸 쇼핑센터 나들이 가야겠다!"

"나도."

아르테미스의 대답에 나머지 아이들의 눈이 커졌다. 아르테미스는 외모는 물론, 쇼핑에 관심을 보인 적이 없었다.

"쇼핑 얘기 말고. 힘들어서 기운 없다고."

아르테미스가 얼른 해명하더니 파마에게 눈길을 돌렸다.

"무승부로 정리하는 게 어때?"

"그만 끝내자는 거지? 좋아."

파마는 냉큼 대답하고는 아프로디테에게 한마디 덧붙였다.

"클레오 화장품 가게에서 할인 행사 한다더라."

그러자 암피트리테의 눈이 반짝거렸다.

"야호! 난 그 가게 좋더라. 아프로디테, 나도 같이 갈래. 거기 화장품은 물에 들어가도 잘 안 지워지거든."

칼리오페는 속으로 탄성을 터뜨렸다.

'아, 그렇네! 바다 님프한테는 물에 쉽게 씻겨 나가지 않는 화장품이 좋겠구나.'

사실 칼리오페는 아르테미스처럼 특별한 일이 있을 때 빼고는 외모 꾸는 데 별로 관심이 없었다.

이제 아이들은 모두 분수대에 둘러앉아 주말에 무얼 할 계획인지 수다를 떨기 시작했다. 대부분 아테네에서 열리는 음악 축제에 갈 거라고 했다. 그제야 칼리오페는 어서 방으로 돌아가 노래 연습을 해야 한다는 사실을 떠올렸다.

자리를 뜨려는 찰나, 암피트리테가 칼리오페한테 말을 걸어왔다.

"칼리오페, 오늘 건축학 시간에 담장 아이디어를 줘서 정말 고마웠어. 부서진 조개껍질 중에서 예쁜 색을 모아서 만들어 볼까 해."

"오, 말만 들어도 '야호!' 소리가 나오는 아이디어네."

칼리오페가 암피트리테의 말버릇을 흉내 내자 암피트리테가 까르르 웃어 댔다.

"네 바다 정원 아이디어 정말 멋졌어. 부디 실제로 지어지길 바라."

암피트리테가 황금빛 키톤 주머니에서 빗을 꺼내더니 긴 청록색 머리카락을 빗으며 대답했다.

"지어질 거야."

"우아, 그 자신감 마음에 들어!"

리본 선생님과 제우스 교장 선생님이 자신의 작품을 뽑을 거라 확신하는 암피트리테에게 칼리오페는 진심으로 감탄했다.

그제야 암피트리테는 칼리오페의 생각을 눈치채고서 얼른 설명했다.

"아, 난 리본 선생님과 교장 선생님이 내 디자인을 뽑아 주지 않아도 상관없어. 다행히 바다 세상 운영 위원회에서 포세이돈 궁전 건설이 끝나면 그 주변에 내가 설계한 정원을 짓기로 이미 결정했거든."

"대박! 굉장하다! 네 디자인이 지어질 걸 이미 알고 있으니 얼마나……."

풍덩!

분수대에 걸터앉은 아이들 위로 갑자기 차가운 물이 폭포처럼 쏟아졌다.

"꺄아악!"

놀란 여자아이들이 소리를 지르며 벌떡 자리에서 일어섰다. 칼리오페는 얼른 뒤를 확인했다.

'뭐야? 남자애들이잖아!'

에피스키로스 게임이 끝나자 아레스와 아폴론이 남학생들을 우르르 끌고서 분수에 뛰어들어 여학생들에게 물세례를 퍼부은 것이었다.

'하여간 남자애들은 그냥 얌전히 와서 말을 걸 줄 모른다니까. 꼭 이렇게 야단법석을 떨어요!'

소리 지르고 깔깔대는 중에 칼리오페는 번뜩 아이디어 하나가 떠올랐다.

"받은 만큼 갚아 줘야지. 얘들아, 남자애들하고 물싸움 한판 어때?"

여자아이들이 한목소리로 소리쳤다.

"좋지!"

곧바로 여자아이들 모두가, 심지어 아프로디테까지 분수 속으로 풍덩 뛰어들었다. 아프로디테의 활약은 정말 놀라웠다.

사랑과 미의 신인 아프로디테는 아이들 앞에서 늘 완벽하게 차려입은 멋진 모습이었다. 그래서 칼리오페는 내심 아프로디테에 대해 선입견을 품고 있었다.

'차림새에 관심 많으니 오스트라킨다나 물싸움처럼 땀내 풀풀 나는 놀이는 당연히 꺼릴 줄 알았지. 저렇게 최선을 다할 줄이야.'

바로 그 순간에도 아프로디테는 남자 친구 아레스의 얼굴에 신나게 물을 뿌리고 있었다.

"맛 좀 보시지!"

아프로디테가 소리치며 도발하자 아레스가 두 주먹으로 물을 팡 내리쳐서 커다란 물보라를 일으켰다. 그래도 아프로디테는 "하하!" 웃기만 했다. 머리카락이 젖어 얼굴에 달라붙고, 키톤이 후줄근해져도 전혀 신경 쓰지 않는 듯했다. 물에 빠진 생쥐 꼴이 되어도 아프로디테는 예쁘기만 했다.

그때 갑자기 칼리오페의 머리에 물이 양동이로 들이붓듯 와르르 쏟아져 내렸다. 놀란 칼리오페는 "꺅!" 하고 소리를 질렀다. 아르테미스의 쌍둥이 동생 아폴론과 사과처럼 발그스레한 볼에 황금빛 날개를 지닌 에로스가 칼리오페를 기습 공격 한 것이다. 도대체 어디서 구해 왔는지 둘은 주전자로 물을 떠서 칼리오페에게 퍼부었다.

칼리오페가 허둥지둥 반격의 기회를 노리는 사이, 아르테미스와 암피트리테가 칼리오페를 도와주러 서둘러 다가왔다. 아르테미스는 칼리오페에게 조용히 하라는 신호를 보내더니 물속으로 잠수해서 아폴론에게 접근했다. 잠시 후, 아폴론이 "으악!" 하며 뒤로 벌러덩 넘어졌다. 칼리오페는 "풋." 하고 웃음을 터뜨렸다. 아르테미스가 물속에서 아폴론의 발목을 잡아당긴 게 분명했다.

뒤이어 암피트리테가 분수 안으로 뛰어들었다. 발이 물에 닿은 순간, 수영 행사 때처럼 암피트리테의 다리와 키톤이 황금빛으로 반짝이는 인어 꼬리로 변했다. 곧바로 암피트리테는 비늘이 반짝이는 꼬리로 물을 내리쳐서 너울을 일으켰다. 에로스는 너울 속에서 허우적대다 주전자를 놓쳤고, 쫄딱 젖어 버렸다. 에로스가 젖은 날개를 털자 사방으로 물이 튀었다.

칼리오페는 떠다니는 주전자를 잽싸게 주워 물을 담았다. 그리고는 자신을 등지고 서서 삼지창으로 물줄기 공격을 퍼붓고 있는 포세이돈에게 들이부었다.

물싸움이 계속되는 동안 칼리오페는 아프로디테, 아르테미스, 암피트리테 셋 다 좋은 룸메이트감이라는 확신이 들었다.

'셋 중 한 명을 내 방에 놀러 오라고 초대해서 면접, 아니 같이 시간을 보내 볼까? 누구를 먼저 초대하지?'

크게 고민할 필요는 없었다. 칼리오페에게 어김없이 좋은 아이디어가 떠올랐으니까.

"넥타르 셰이크 맛있다, 맛있으면 또 먹어."

칼리오페는 어릴 적 언니들과 놀 때 술래를 정하기 위해 부르던 노래를 나직이 흥얼거리며 세 명을 번갈아 쳐다보았다.

"제우스 님, 가르쳐 주세요. 딩동, 댕동, 댕."

순간적으로 칼리오페의 생각이 옆길로 샜다.

'사실 이건 확률이라, 제우스 님하고는 별로 상관이 없는데. 누가 이런 가사를 붙였을까?'

하지만 곧 칼리오페는 다시 마음을 가다듬고 룸메이트 후보를 고르는 데 집중했다.

'뭐, 노래 가사가 그런 걸 어쩌겠어.'

그리고 노래가 끝나는 순간. 칼리오페의 눈길은 미와 사랑의 소녀 신에게 닿았다.

'좋아! 아프로디테한테 내 방으로 놀러 오라고 말해 보자!'

아프로디테에게 다가가려는데, 문득 칼리오페의 시야에 누군가가 들어왔다.

'어머! 저기 안뜰을 가로질러 가는 남자애, 호메로스 아냐? 맞아, 확실해!'

칼리오페가 설레는 마음으로 지켜보는 사이, 호메로스는 학교 건물로 이어지는 화강암 계단을 오르기 시작했다.

'호메로스가 여긴 어쩐 일이지?'

칼리오페는 호메로스를 보고 싶은 마음에 서둘러 분수에서 나와 계단을 향해 쌩 달렸다. 그러고는 계단 꼭대기에서 호메로스를 따라잡고 숨을 헐떡이며 인사를 건넸다.

"호메로스, 안녕!"

칼리오페의 목소리에 호메로스가 활짝 웃으며 돌아보더니 후다닥 뒤로 물러섰다.

"뭐야? 물이 뚝뚝 흐르잖아."

호메로스는 두루마리 책이 든 가방을 품에 끌어안으며 요란스럽게 외쳤다.

"너 때문에 나까지 다 젖겠어!"

"어머, 그 정도는 아니야. 치맛단만 젖은 것뿐이야."

칼리오페는 물기를 짜내려고 치맛단을 잡고 비틀었다. 그런데 생각보다 물기가 많았는지 바닥에 물이 후드득 떨어졌다. 호메로스는 황급히 한 걸음 더 뒤로 물러섰다.

칼리오페는 호메로스의 호들갑을 바로 용서해 주었다.

'가방에 중요한 두루마리가 들었나 봐. 고생해서 쓴 글인데,

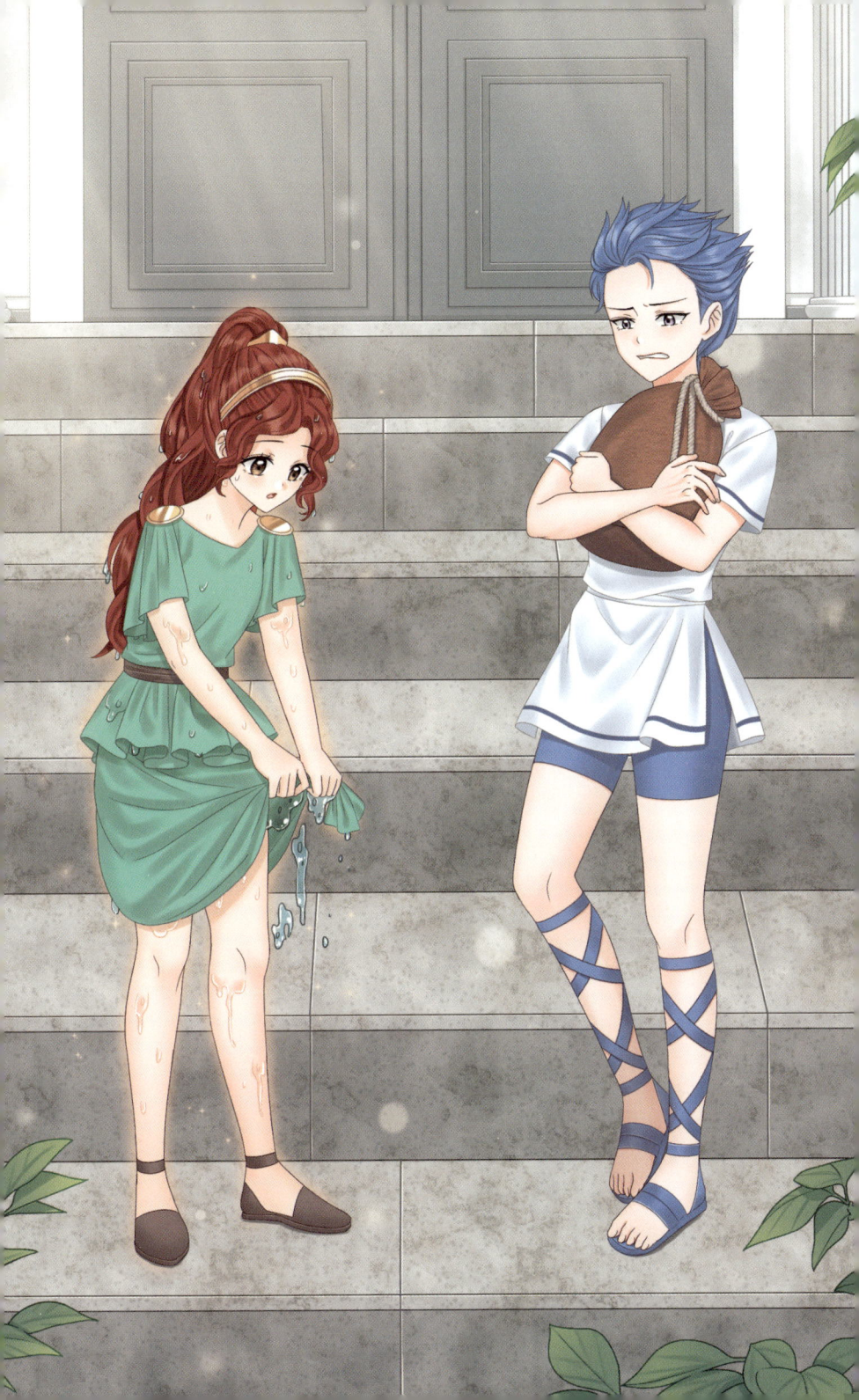

잉크가 번져서 망가지길 바라지 않겠지.'

오랜 시간을 함께한 사이라서 칼리오페는 호메로스가 작품을 얼마나 애지중지하는지 잘 알았다.

호메로스가 학교 현관문의 황금 손잡이를 밀어 열자 칼리오페는 얼른 다시 말을 걸었다. 어떻게든 호메로스의 관심을 붙잡아 두고 싶었다.

"분수대에서 한바탕 신나게 물싸움이 벌어졌거든. 나도 꼈다가 이렇게 젖어 버렸지 뭐야."

"응. 그래."

호메로스가 대답하는 둥 마는 둥 학교 안으로 들어갔다. 칼리오페는 서둘러 뒤를 쫓았다.

"지이이이인짜 재미있었어. 여학생 대 남학생으로……."

"저, 칼리오페."

복도에 들어서자 호메로스가 획 뒤돌아서며 칼리오페의 말을 잘랐다.

"물론 나도 너랑 이야기 나누고 싶은데, 지금은 해야 할 일이 있어."

"아, 학교 도서관에서 자료 조사하려고?"

호메로스는 고개를 가로저었다.

"아니. 다른 용무야."

무슨 일인지 모르지만, 호메로스는 어쩐지 불안해하는 눈치였다.

'아, 제우스 교장 선생님께 뭔가 부탁드리러 온 걸까?'

제우스는 신들의 제왕이자 하늘을 지배하는 자이기도 한 만큼 목소리도 덩치도 그야말로 무시무시해서 앞에 서면 주눅부터 들었다.

"좀 급한 일이야."

호메로스가 칼리오페에게 그만 가 보라는 눈치를 주었다.

"아."

칼리오페는 호메로스의 차가운 반응이 속상했지만, 섭섭한 마음을 애써 삼켰다.

"알았어. 그럼 이따가 볼까? 아님 내일 디오니소스 극장에서 음악 축제가 있는데 올래? 언니들이랑 같이 노래를 부를 건데, 첫 번째 곡이……."

이번에도 호메로스가 말을 자르고 끼어들었다.

"갈 수 있을지 모르겠어."

호메로스는 마음이 급한지 칼리오페가 말하는 내내 발로 바닥을 툭툭 치며 자신의 인내심이 바닥나고 있다는 티를 냈다.

"나중에 보자."

호메로스는 대답조차 듣지 않고 성큼성큼 걸어가 버렸다.

칼리오페는 가슴이 무너져 내리는 것 같았다.

'휴, 속상해. 날 떼어 내지 못해서 저렇게 안달이라니. 보아 하니 내일 축제에도 오지 않을 것 같아. 우리 자매가 부를 첫 번째 노래가 바로 자신의 작품이라는 걸 알면 온다고 했을까? 물론 온전히 나를 보러 와 주는 거면 좋겠지만, 이유야 어찌 되었든 오는 게 중요하잖아! 무슨 노래를 부를 건지 말해 주지 못해서 아쉬워.'

학교 안 로비에 서 있는데도 분수대에서 놀고 있는 아이들의 떠들썩한 소리가 들려왔다. 칼리오페는 잠시 다시 그쪽으로 돌아갈까 생각해 보았다. 하지만 그럴 기분이 아니었다. 축축하게 젖은 옷이 거북했고, 마음은 그보다 더 불편했다.

'호메로스를 쫓아오느라 결국 아프로디테한테 놀러 오라는 말도 못 했네. 뭐, 다음 기회를 노릴 수밖에.'

잔뜩 풀이 죽은 칼리오페는 방으로 돌아가서 가장 편안한 잠옷을 꺼냈다. 분홍색 바탕에, 칼리오페가 영감을 준 음악가들의 악보와 가사가 군데군데 수놓아진 귀여운 잠옷이었다. 칼리오페는 마음의 위로를 얻고 싶을 때면 늘 그 잠옷을 입었다.

잠옷으로 갈아입은 칼리오페는 새 노래 악보를 들고 침대에 앉았다. 하지만 얼마 지나지 않아 칼리오페의 손에서 악보가 툭 떨어졌다. 그렇게 칼리오페는 하릴없이 잠이 들고 말았다.

무대를 망치다

칼리오페는 많은 사람 앞에서 노래하더라도 별로 긴장하지 않는 편이었다. 하지만 오늘은 언니들과 함께 디오니소스 극장의 둥근 무대에 오르려니 조금 떨렸다. 전체 행사 중 뮤즈의 합창 무대가 첫 순서였다. 공연용 보라색 키톤을 차려입은 아홉 뮤즈 자매는 세련미가 넘쳐 보였다.

공연 시작을 앞두고, 언니 테르프시코레는 칼리오페를 향해 밝은 미소를 보냈다. 아홉 자매 중 칼리오페를 포함한 네 명이 앞에 일렬로 섰고, 그 뒤에 나머지 다섯 명이 자리를 잡았다.

칼리오페는 심호흡하며 마음을 가라앉히려 애썼다. 이렇게 긴장하는 이유는 단 하나. 공연 준비를 조금도, 전혀, 아예 안

했기 때문이었다.

가장 큰 문제는 두 언니와 함께 삼중창으로 불러야 하는 새 노래였다. 공연 전에 잠깐이라도 연습할 수 있기를 바랐는데, 엎친 데 덮친 격으로 오늘 아침엔 늦잠까지 자 버렸다. 극장으로 헐레벌떡 오느라 새 노래 악보를 깜빡했고, 언니들은 아무도 악보를 가져오지 않았다.

'가져올 리가 없지. 이미 다 외웠을 테니까! 어쩔 수 없어. 적당히 부르는 척하는 수밖에. 뭐, 언니들이 더 크게 부르겠지.'

앞줄 왼쪽에서 두 번째 자리에 선 칼리오페는 주위를 슬쩍 둘러보았다. 지붕 없이 위가 뻥 뚫린 극장 건물은 비탈진 언덕을 따라 (지금은 관객으로 꽉 들어찬) 객석이 삼 층에 걸쳐 마련되어 있고, 무대는 언덕 가장 아래쪽에 자리했다. 올림포스 학교 최고 배우인 디오니소스에게 경의를 바치고자 지어진 곳이라 이름도 '디오니소스 극장'이었다.

이번 음악 축제의 행사 진행은 올림포스 학교의 콧대 높은 전령이 맡았다.

디리리링!

무대 앞으로 걸어 나간 전령이 리라 종을 울리자 객석은 곧 조용해졌다.

"여러분, 안녕하십니까? 디오니소스 극장에서 열리는 올해의 음악 축제에 오신 걸 환영합니다!"

전령은 잠시 객석을 쭉 둘러보더니 근엄한 목소리로 크게 외쳤다.

"아직 소식을 못 들으신 분을 위해 알려 드립니다. 올해 축제에는 아주 흥미진진한 행사가 추가되었습니다. 1부 순서가 끝나고 휴식 시간을 가진 뒤, 바로 새로운 이벤트를 열도록 하겠습니다. 그렇습니다! 오늘 오신 여러분은 사티로스족 마르시아스가 다름 아닌 음악의 소년 신 아폴론과 맞붙는 현장을 두 눈으로 직접 보게 되실 겁니다! 세기에 한 번 있을까 말까 한 음악 대결이지요!"

놀라운 소식에 객석에서 환호성이 터져 나왔다.

전령은 관중들이 마음껏 소리 지르도록 잠시 기다렸다가 두 손을 들어 조용히 해 달라는 신호를 보냈다.

"특별 이벤트가 있기 전에 먼저 경이로운 가수 두 그룹을 모시도록 하겠습니다."

전령이 옆으로 물러서더니 무대 가운데에서 대기하고 있던 뮤즈 자매를 가리키며 외쳤다.

"자, 그럼 여러분, 큰 박수로 맞아 주십시오! 아름다운 음악으로 여러분의 귀를 호강시켜 드릴 뮤즈 자매입니다!"

곧바로 우라니아의 신호에 맞추어 뮤즈 자매는 첫 번째 곡을 부르기 시작했다. 호메로스가 쓴 서른네 편의 찬가 중 서른 번째 노래 〈어머니 지구에 바치는 찬가〉였다. 이 노래로는 이미 여러 차례 공연했었기 때문에 칼리오페는 긴장을 풀고 경쾌한 소프라노 목소리로 크게 노래를 불렀다.

오, 모든 존재의 어머니. 위대한 지구여.
나 노래 드리리.
변하지 않는 기반이여, 가장 오래되신 이여.
땅의 모든 것을 보살피시네.
거룩한 땅과 바다에서 살아 숨 쉬는 모든 것과
하늘을 나는 모든 것이
어머니의 은혜 속에 살고 있도다.

칼리오페는 객석을 쭉 훑어보았다. 몇몇 관객은 노래를 함께 따라 부르고 있었다. 함께 모여 앉은 아프로디테, 페르세포네, 아르테미스, 암피트리테도 보였다. 아이들은 칼리오페와 눈이 마주치자 손을 흔들며 응원을 보냈다. 칼리오페는 공연 중에 손을 흔들 순 없으니 살짝 미소를 지어 답했다.

'객석에 아는 얼굴이 있다고 너무 반기는 티를 내는 건 프로답지 못하잖아!'

노래가 끝나자 객석에서 큰 박수가 쏟아져 나왔다. 칼리오페는 관객들의 뜨거운 반응에 가슴이 뭉클했다.

'호메로스도 저기 앉아서 내 노래를 듣고 있으면 좋을 텐데. 아, 물론 언니들 노래도 듣고 말이야.'

그래도 칼리오페는 내심 호메로스가 자신을 더 눈여겨봐 주기를 바랐다.

두 번째 노래는 극작가 에우리피데스가 쓴 비극 〈바쿠스의 여신도들〉에 나오는 합창이있다. 뮤즈 자매는 애절한 목소리로 노래를 부르기 시작했다.

내 거할 집은 어디리오?
사랑이 가득한 섬 키프로스에 내가 갈 수 있다면…….

시간이 흐르고 슬픈 노래가 끝나자 관객들은 다시 큰 박수를 보내 주었다.

칼리오페는 무대에서 가까운 좌석을 쭉 훑어보았다. 몇몇 관객이 흐르는 눈물을 닦고 있었다.

그런데 다음 순간, 칼리오페는 숨이 턱 막히는 듯했다.

'방금 셋째 줄에서 파란 머리가 보인 것 같은데? 분명히 뾰족뾰족한 파란 머리칼이었어!'

칼리오페는 가슴이 두근거렸다. 세 번째 줄 한가운데에 재능 넘치고, 늘 꿈꾸는 듯한 눈빛을 지닌 호메로스가 앉아 있었다!

'아까는 왜 못 봤지? 늦게 도착했나? 하긴, 무슨 상관이겠어? 드디어 호메로스가 왔어! 어제 반응이 영 뜨뜻미지근해서 안 올 줄 알았는데.'

마침 호메로스가 칼리오페 쪽으로 고개를 들면서 눈이 마주쳤다. 칼리오페는 방긋 웃어 보였다. 호메로스는 고개를 까딱하는 게 전부였지만, 평소 성격을 생각했을 때 그 정도면 반갑다는 뜻이었다. 그리고 칼리오페는 그런 호메로스의 까칠함에 묘하게 끌렸다.

'거리감이 느껴지고, 무슨 생각을 하는지 알 수가 없어서 더 매력적이랄까?'

잠시 후, 우라니아의 신호에 맞추어 세 번째 노래가 시작되었다. 칼리오페는 진땀을 흘리기 시작했고, 중반 이후부터는 아예 머릿속이 하얘졌다! 연습을 안 한 탓이 컸지만 호메로스가 지켜보고 있다는 생각에 긴장감을 감당할 수가 없었다.

칼리오페는 아무 소리도 내지 못하고 입만 벙긋거렸다.

'나뿐만 아니라 언니들도 부르고 있으니까, 아무도 알아차리지 못할 거야.'

그러나 전날 밤, 잠깐 악보를 들여다보았을 때 칼리오페가 놓친 게 있었다. 새 노래에는 독창이 들어 있었다. 그것도 칼리오페가 맡은 파트에!

갑자기 언니들의 목소리가 잦아들었다.

칼리오페는 그대로 얼어붙었다. 무대에 정적이 흘렀다. 칼리오페 양쪽에 선 멜포메네와 에라토가 칼리오페를 쿡쿡 찔렀다.

칼리오페는 허둥지둥 다시 노래를 시작했다.

오, 위대한 제우스시여.
거친 폭풍을 일으키시어 악한 자를…… 음…….

칼리오페는 나머지 가사가 기억나지 않아 우물거렸다.

……어쩌고저쩌고하소서.

객석 한편에서 키득키득 웃음소리가 흘러나오더니 관객들이 술렁이기 시작했다. 칼리오페는 얼굴이 시뻘게졌고 동시에 갑자기 다음 가사가 떠올랐다.

그대들의 목소리 완전한 조화를 이루어
한 마리 새처럼 노래하라!

스트레스를 받은 탓에 성대가 굳었는지 '새처럼' 부분에서 목소리가 갈라지며 음정을 틀리고 말았다.
　객석의 웃음소리가 더 커졌다. 칼리오페는 겁에 질려 노래를 아예 멈추고 말았다. 나행히 마지막 구절은 합창이었다.
　'호메로스 쪽을 보지 마. 그쪽을 보지 마, 절대.'
　아무리 이성이 말려도 결국 칼리오페는 호메로스 쪽을 슬쩍 쳐다보고 말았다. 호메로스는 잔뜩 인상을 찌푸리고 있었다.
　'휴, 그토록 호메로스의 눈에 띄고 싶었는데, 결국 이런 식으로 관심을 받게 되는구나!'
　호메로스의 반응이 좋지 않지만, 칼리오페는 그래도 공연이 끝났다는 사실에 안도하며 무대를 내려왔다.
　'이제 재난 사태는 지나갔어.'

"막내야, 이게 대체 어떻게 된 일이니?"

폴리힘니아가 물었다. 언니들은 분노부터 걱정까지 다양한 표정을 지은 채 둥글게 둘러서서 칼리오페를 빤히 쳐다보았다.

"그게…… 어…… 가사를 다 못 외웠어."

"뭐? 새로 외워야 할 노래는 하나뿐이었잖아?"

에우테르페가 어이없다는 듯 다그치며 물었다.

"나도 알아. 미안해."

칼리오페는 어떻게든 우라니아와 눈길을 마주치지 않으려 했다. 함께 연습하자는 맏언니의 제안을 몇 번이나 거절했으니 입이 열 개라도 할 말이 없었다. 칼리오페는 늘 주변의 기대에 부응하고 싶어 했고, 언니들에게 실망을 끼치는 걸 정말 싫어 했다. 그런데 이번에는 한술 더 떠 호메로스한테도 망신스러운 꼴을 고스란히 보여 주었으니 생각만 해도 머리가 지끈거렸다.

"막내가 올림포스 학교로 전학 간 지 얼마 안 됐잖아. 적응하느라 많이 바빴나 보지."

다정한 테르프시코레가 칼리오페의 편을 들자 탈리아도 거들어 주었다.

"수업이며 숙제도 많았을 테고 말이야."

테르프시코레가 다시 말을 받았다.

"어쨌든 관객들은 대부분 뭐가 잘못됐는지 알아차리지 못했을 거야."

칼리오페는 객석에서 터져 나오던 웃음소리를 떠올려 보았다. 관객들이 못 알아차렸을 리는 없을 것 같았지만, 가장 따르는 테르프시코레 언니가 이렇게 사고를 덮어 주려 하니 고마울 따름이었다.

"그리고 알아차렸다 한들, 다음 팀이 공연을 시작하면 바로 잊어버릴 거야."

칼리오페는 테르프시코레의 말이 맞기를 간절히 바랐다.

뮤즈 자매들이 둘째 줄에 마련된 좌석에 자리를 잡고 앉자 전령이 다시 리라 종을 "니리링." 울렸다.

"자, 바로 다음 순서를 시작하겠습니다. 여러분께 훌륭한 노래를 선사할 다음 그룹은……."

전령은 주머니에 들어 있던 쪽지를 꺼내 이름을 슬쩍 확인하고서 외쳤다.

"피레이데스 자매입니다!"

신호가 떨어지자 객석 뒤쪽에서 아홉 명의 공주가 무대 쪽으로 걸어 내려왔다.

"피레이데스가 아니라 피에리데스거든."

피에리데스 자매 중 한 명이 중얼거리자 다른 자매도 입을 삐죽이며 대꾸했다.

"아니, 그게 그렇게 어렵나? 왜 다들 엉뚱하게 읽는 거야!"

칼리오페는 그 말을 듣고 인상을 찌푸렸다.

'으윽! 마케도니아 피에로스 왕의 아홉 딸이 온 거야? 쟤네들이 온 줄 몰랐네.'

뮤즈 자매는 다른 공연에서 몇 번인가 이 자매들과 마주친 적이 있었다. 아홉 공주들은 부유한 환경에서 응석받이로 자라다 보니 자신들이 뮤즈 자매와 동등하다고 여겼다. 게다가 아버지 피에로스 왕은 딸들에게 뮤즈 자매들과 똑같은 이름을 지어 주면서 오만함을 더욱 부추겼다.

오늘도 피에리데스 자매는 다이아몬드 왕관을 쓰고 최신 유행 키톤을 차려입고 있었다. 피에리데스의 막내가 칼리오페 곁을 지나다가 짐짓 걸음을 멈추더니 씩 웃으며 빈정댔다.

"방금 공연 정말 *뮤즈스럽더라*."

그러자 피에리데스의 맏이 우라니아가 입이 찢어지라고 하품하며 거들었다.

"어휴, *뮤지하게* 졸려 죽는 줄 알았네!"

질세라 피에리데스의 탈리아가 한마디 더했다.

"난 뮤식하게 찢어지는 목소리에 잠이 확 깨던데……"

그 말에 피에리데스 자매는 기다렸다는 듯 서로 손뼉을 치며 배를 잡고 웃어 대더니 다시 무대를 향해 떠났다.

칼리오페는 극장 바닥으로 꺼져 들어가고 싶었다. 너무 창피해서 고개를 숙인 채 은색 샌들만 빤히 내려다보고 있을 수밖에 없었다.

'겉모습만 번지르르할 뿐 건방지기 짝이 없는 피에리데스들 같으니라고! 저 비아냥대는 소리를 호메로스도 들었을까? 못 들었으면 좋겠는데.'

칼리오페는 객석에 앉을 때 호메로스 쪽을 쳐다보지 않으려 애썼다. 그래도 바로 뒤에 호메로스가 앉아 있다는 걸 칼리오페는 정확히 알고 있었.

"버릇없는 인간들 같으니라고! 어디 감히!"

우라니아가 왈칵 성을 내자 에우테르페도 분노를 감추지 않았다.

"공주든 뭐든 절대 봐주지 않겠어!"

"그럼 어떻게 하지?"

테르프시코레가 나머지 자매들에게 묻는 사이 피에리데스들이 첫 곡을 부르기 시작했다. 〈새처럼 훨훨 날아〉라는 노래인데, 뮤즈도 자주 불러서 잘 아는 곡이었다.

칼리오페는 언니들의 위로를 받고 어느 정도 기운을 차린 터라 맞수의 노래에 쫑긋 귀를 기울였다. 그러다 전날 메두사와 복수에 대해 나누었던 이야기가 떠올랐다. 칼리오페는 씩 웃으며 언니들을 쳐다보았다.

"나한테 좋은 생각이 있어."

칼리오페의 작전을 듣더니 나머지 자매들이 일제히 맏이 우라니아를 쳐다보았다.

"언니, 그렇게 해도 돼?"

칼리오페의 물음에 우라니아는 고개를 가로저었다.

"얘들아, 나는 책임감 있는 어른이야. 그런 계획을 허락할 수는 없지……."

하지만 곧 우라니아는 장난기 가득한 두 눈을 반짝이며 덧붙였다.

"……만, 무대 위가 왜 저렇게 시끄럽니? 설마 노랫소리인가? 깩깩대는 소음이 너무 심해서 어떤 계획인지 제대로 못 들었네. 내용을 모르는데 무슨 수로 반대하겠니?"

우라니아는 짐짓 순진한 척 눈을 끔벅이며 동생들을 말끄러미 쳐다보았다. 칼리오페는 맏언니가 에둘러 허락했다는 걸 알아차리고서 장난스러운 미소를 지었다.

뮤즈 자매는 일단 피에리데스 자매의 노래가 끝나기를 잠자코 기다렸다. 그러다가 피에리데스 자매가 "새처럼 훨훨 날아가리." 하고 마지막 소절을 부를 때, 뮤즈 자매는 한목소리로 마법 주문을 외웠다.

소녀에서 까치로. 땅에서 하늘로.
까악까악. 날아라. 저 멀리 흩어져라.

곧 까치로 변한 피에리데스 자매는 놀라서 "까악까악!" 소리를 지르며 하늘로 날아올랐다. 아홉 마리의 까치가 사방으로 흩어져 객석 위를 날아다니자 관객들은 박수 치며 환호했다.

칼리오페는 그 장면을 지켜보며 씩 웃었다.

'관객들은 미리 계획된 연출인 줄 아나 봐. 잘됐어. 저 오만한 공주들이 노래 실력으로는 우리 뮤즈와 비교 자체가 안되니까 다른 방법을 쓴 것처럼 보이잖아.'

곧바로 전령이 무대 가운데로 나오더니 소리쳤다.

"아, 정말 멋진 깜짝 쇼로군요! 피레이데스 자매 여러분, 고맙습니다!"

전령은 고개를 갸웃하며 한마디 덧붙였다.

"음…… 이대로 마케도니아의 둥지, 아니 집으로 가려나 봅니다?"

마케도니아 방향으로 열심히 날갯짓하던 아홉 마리 까치 중 한 마리가 소리쳤다.

"아, 짜증 나! 피에리데스라니까, 피에리데스!"

"보아하니 피에리데스 자매가 준비한 두 번째 곡은 건너뛰어야 할 것 같군요."

전령이 다시 안내를 이어 갔다.

"그럼 이제 휴식 시간을 가지도록 하겠습니다. 휴식 시간이 끝난 뒤 2부에는 세기의 이벤트, 마르시아스 대 아폴론의 음악 대결이 있겠습니다!"

관객들이 기대에 차서 환호성을 질렀다.

"피에리데스들은 변신 마법을 건 게 우리라는 걸 알까?"

칼리오페가 묻자 테르프시코레가 웃으며 대답했다.

"난 알았으면 좋겠는데? 그래야 다음번에 만나면 예의 바르게 굴 거 아냐?"

우라니아는 두 손으로 귀를 막고서 "랄라라!" 하고 노래를 부르더니 싱긋 웃으며 말했다.

"난 무슨 말인지 하나도 못 들었어!"

"내가 오늘 무대를 엉망으로 망쳐 버리지 않았다면 그 애들한테 놀림당하는 일도 없었을 텐데."

칼리오페가 잔뜩 풀이 죽어서 중얼거리자 우라니아가 귀를 막고 있던 손을 내리고서 얼른 칼리오페를 꼭 끌어안았다.

"막내야, 이번 일을 계기로 잘 배우렴. 다음번에는 제대로 준비하는 거야, 알았지?"

"응."

칼리오페는 진심이라는 듯 열심히 고개를 끄덕였다. 실제로도 진심이고 진지했다.

'언니들에게 어른 대접을 받고 싶다면 나도 더 책임감 있게 행동해야 해.'

테르프시코레가 장난스럽게 칼리오페의 머리를 톡 치며 말했다.

"내 생각에 우리 막내는 잠시 학교에서 벗어나 쉬어야 할 것 같아. 내일은 내가 무용 공연이 잡혀 있거든. 칼리오페, 월요일 오후 네 시쯤에 불멸 쇼핑센터 안뜰에서 언니랑 만나 행복 충전할까? 지쳐서 쓰러질 때까지 실컷 구경하고 쇼핑하면서 신나게 노는 거야."

칼리오페는 환하게 미소 지으며 대답했다.
"응, 좋아. 언니, 정말 고마워!"
대답과 동시에, 건축학 숙제 생각도 까치 공주들처럼 저 멀리 훨훨 날아가 버렸다!

6 세기의 대결

휴식 시간이 시작되자, 관객들은 멀리 떨어진 자리에 앉은 친구들을 만나려고 분주하게 움직이기 시작했다. 평소와 달리 칼리오페는 뒷줄에 앉은 호메로스의 눈길을 끌지 않으려고 조심했다. 완벽주의자 기질이 있는 호메로스 앞에서 공연을 망쳤으니 얼굴을 마주하고 싶지 않았다.

칼리오페는 객석에 앉아 있던 아프로디테, 페르세포네, 아르테미스, 암피트리테가 조용히 자리를 뜨는 모습을 지켜보았다. 칼리오페가 가서 말을 걸어도 친절하고 예의 바른 네 친구는 칼리오페의 실수에 대해 아무 말도 하지 않을 듯했다.

"난 친구들 만나러 가 볼래. 휴식 시간 끝나고 봐."

칼리오페는 언니들에게 알리고서 자리에서 일어섰다.

'아프로디테하고만 따로 이야기할 기회가 생기면 내 방으로 놀러 오라고 초대해야지. 어쩌면 우리 둘이 룸메이트가 될지도 몰라! 그럼 내 방에서 지내게 될까? 아니면 아예 내가 아프로디테 방으로 이사를 갈까?'

칼리오페는 생각만 해도 신이 났다. 그런데 친구들 쪽으로 다가가려고 걸음을 떼는 순간, 뒤에서 호메로스의 목소리가 들렸다.

"칼리오페, 나 좀 보자!"

고개를 돌려 보니 안타깝게도 호메로스가 자리에서 일어나 칼리오페를 따라오고 있었다.

자신에게 화를 내는 호메로스를 상상하자 칼리오페는 가슴이 뜨끔했다. 도저히 이대로는 호메로스를 마주할 자신이 없었다. 결국 칼리오페는 호메로스의 목소리를 못 들은 척했다.

'다정하고 예의 바른 학교 친구들과 달리, 호메로스는 내 실수를 눈감아 주려 하지 않을 거야.'

칼리오페는 얼른 반대 방향으로 걸음을 재촉했다. 호메로스가 계속 따라오는지 뒤를 확인할 엄두조차 나지 않았다. 결국 칼리오페는 무대 바로 뒤에 있는 '스케네'라는 목조 건물로 향했다. 연극 무대 배경을 보관하고, 배우들이 재빨리 의상을 갈아입는 용도로 쓰는 곳이었다. 칼리오페는 가까이 다가오는 발소리를 피해 서둘러 건물 안으로 들어갔다가 멈칫했다. 그곳에서 잠시 후 무대에 설 아폴론이 리라 연습을 하고 있었기 때문이다.

아폴론은 칼리오페를 보더니 연주를 멈추고서 물었다.

"공연 잘 했어?"

칼리오페는 대답 없이 출입구 쪽에 신경을 바짝 곤두세웠다. 곧이어 두런두런 이야기를 나누는 소리와 함께 스케네 앞을 지나가는 인기척이 들렸다. 그러나 그중에 호메로스의 목소리는 들리지 않았다.

'호메로스는 날 따라온 게 아니었나 봐! 괜히 긴장했네.'

그제야 칼리오페는 아폴론에게 눈길을 돌리며 대답했다.

"우리 노래 못 들었어?"

아폴론은 고개를 가로저으며 "디리링." 하고 리라를 켰다.

"연습하느라 못 들었어. 미안해."

"아니야."

칼리오페는 마지막 노래 가사를 잊어버리는 바람에 독창 부분을 망치고 음정도 틀렸다고 솔직히 털어놓았다.

"으윽!"

아폴론이 안타까운 표정으로 위로했다.

"가수한테는 악몽 같은 일을 겪었네."

칼리오페는 고개를 끄덕이고서 출입문 밖을 살며시 내다보았다. 호메로스의 모습은 보이지 않았다. 그래도 칼리오페는 호메로스를 만날까 봐 선뜻 밖으로 나서기가 꺼려졌다.

"여기 잠깐 있어도 될까? 네가 불편하면……."

칼리오페는 아폴론의 리라를 쳐다보며 말을 흐렸다.

'공연 전에 혼자만의 시간이 필요할 수도 있잖아.'

"아냐. 난 괜찮아. 오히려 누가 옆에 있으면 좋지."

아폴론의 대답에 칼리오페는 내심 놀랐다.

'응? 긴장했다는 뜻일까? 설마. 아폴론은 지금까지 공연을 수천만 번은 했을 텐데. 천상천하 밴드도 이끌고 있어서 올림포스 학교 댄스파티며 온갖 행사 연주를 도맡잖아.'

칼리오페는 이왕 머물기로 한 김에 스케네 내부를 살펴보았다. 가짜 왕관, 성벽처럼 보이도록 칠한 널빤지 등 다양한 공연용 소품이 보관되어 있었다.

칼리오페는 소품을 구경하며 말을 꺼냈다.

"언니들이 내 실수를 감싸 주었지만, 그래도 창피해서 혼났어. 엎친 데 덮친 격으로 따라쟁이 피에리데스 자매들이 대놓고 날 놀리잖아. 얼마나 못되게 굴었는지 너도 봐야 했는데!"

칼리오페는 피에리데스들의 말을 떠올리고서 순간적으로 발끈했다가 이내 다시 빙그레 웃었다.

"그래서 언니들이랑 같이 고스란히 되갚아 줬지. 네메시스 선생님이 들으면 자랑스러워하실 거야."

올림포스 학교에서 복수학을 가르치는 네메시스 선생님은 정의를 구현하기 위해 적절한 벌을 내리는 문제를 아주 중요하게 여겼다.

칼리오페의 이야기를 듣고 있던 아폴론의 눈이 반짝 빛났다.

"어떻게 했어?"

칼리오페는 변신 주문에 대해 알려 주었다.

"피에리데스 자매가 부르던 노래에 '새처럼 훨훨 날아가리.'라는 가사가 있었거든. 그래서인지 관객들은 노래 끝에 걔네가 까치로 변한 게 특수 효과인 줄 알더라."

아폴론이 배를 잡고 웃는 모습에 칼리오페는 기분이 좋아졌다. 아폴론은 얼마나 웃어 댔는지 하마터면 의자에서 미끄러질 뻔했다.

"끝내준다. 제대로 혼쭐내 줬네!"

아폴론은 겨우 웃음을 멈추고 한마디하더니 자못 진지한 목소리로 덧붙였다. 마치 자기 자신에게 하는 말 같았다.

"요즘 신을 존중하지 않는 게 유행인가 보네."

칼리오페는 호메로스를 떠올리며 대답했다.

"그러니까! 신이면 뭐든 다 잘할 거라고 믿으니, 그 기대치를 맞추느라 너무 힘들어."

아폴론은 손에 든 리라를 내려다보더니 인상을 찌푸리며 고개를 주억거렸다.

"그러다가 우리가 실패하면, 자신들이 우리보다 낫다고 여기고서 거침없이 도전하려 들지."

칼리오페는 아폴론의 마음을 짐작할 수 있었다.

'피에리데스 사건을 이야기하던 중이었지만, 아폴론은 곧 시작될 마르시아스와의 음악 대결을 염두에 두고 말한 거야.'

칼리오페는 가짜 칼을 집어 들고 찬찬히 살펴보았다. 그러고는 칼싸움 흉내를 내며 《오디세이아》에서 메두사와 자신이 가장 좋아하는 구절을 읊었다.

아, 인간들은 걸핏하면 신들을 탓하네.
그들은 재앙이 우리한테서 비롯된다고 말하지만,

실은 그들 스스로 벌인 못된 짓 때문에 정해진 몫 이상의 고통을 당하는 게지.

아폴론은 허공으로 주먹을 내지르며 소리쳤다.
"바로 그거야! 호메로스가 아주 제대로 표현했네!"
칼리오페는 번쩍이는 칼날을 내려다보며 중얼거렸다.
"어쩌면 인간이나 다른 생명체가 신에게 도전하는 이유는 존경심이 부족해서가 아닐지도 몰라. 신처럼 되고 싶은 욕망 때문에 도전하는 걸 수도 있어."
"음? 칼리오페 네 말은, 그들이 우리를 질투한다는 거야?"
아폴론이 다시 무심히 리라를 켜며 되물었다.
"그보다는 감탄과 존경이 지나친 쪽에 가깝지 않을까?"
칼리오페는 저도 모르게 기대고 있던 가짜 나무를 밀어내며 대답했다.
"아폴론, 생각해 봐."
칼리오페는 가짜 칼을 손가락처럼 까딱이며 말을 이었다.
"언젠가 죽음을 맞이해야 하는 이들은 불멸의 존재를 한없이 부러워하잖아. 우리는 그들에게 연예인이나 다름없어. 《십 대들의 두루마리》 잡지에 우리에 관한 기사가 나면 뭐든 샅샅이

찾아 읽고, 우리를 위해 신전까지 짓는걸."

"흐으음."

아폴론은 잠시 말없이 리라 현을 뜯더니 칼리오페가 든 가짜 칼 끝을 바라보며 입을 열었다.

"날카로운 지적이야."

"하하."

칼리오페는 아폴론의 말장난에 밝게 웃었다. 그러고는 칼을 내려놓고서 다시 밖을 살폈다. 주변에 아무도 보이지 않았다.

"난 그만 가 봐야겠어. 휴식 시간이 거의 끝났을 거야."

그러자 아폴론이 소리쳐 물었다.

"행운을 빌어 주지 않을래?"

칼리오페는 놀라서 아폴론을 쳐다보았다.

"행운을 빌어. 하지만 넌 행운 같은 건 필요 없을 거야."

"그건 모르는 일이지. 어쨌든 마르시아스는 아주 실력 있는 음악가니까."

'어머, 진짜 긴장했나 봐!'

칼리오페는 확신에 가득 찬 목소리로 대답했다.

"하지만 넌 음악의 소년 신이잖아. 넌 리라를 거꾸로 들어도, 뒤집어 들어도 멋지게 연주할 수 있어. 걱정하지 마!"

아폴론은 싱긋 웃더니 리라를 옆구리에 끼고서 자리에서 일어섰다.

"자신감을 불어넣어 줘서 고마워. 나도 이제 나가 봐야 할 것 같아. 다음이 내 차례거든."

함께 스케네를 나선 뒤 아폴론은 무대로, 칼리오페는 객석으로 향했다. 언니들 곁으로 걸어가는 내내 칼리오페는 어딘가에서 호메로스가 자신을 부를까 봐 신경을 바짝 곤두세웠다. 그러나 다행히 호메로스의 모습은 어디에도 보이지 않았다.

이윽고 모든 관객들이 다시 자리를 잡고 앉았다. 무대 위에는 전령, 마르시아스, 아폴론이 모여서 뭔가를 열심히 의논하고 있었다. 잠시 후, 결론이 났는지 전령이 무대 가운데로 나오더니 리라 종을 쳐서 관객의 주의를 집중시켰다.

"신사 숙녀 여러분, 인간계와 신계에 속한 모든 분들, 오늘 위대한 음악 대결을 시작하기에 앞서 두 참가자가 관객을 세 분씩 뽑아서 심사위원으로 모시려 합니다. 그리고 그 여섯 명의 심사위원의 판정을 통해 우승자를 가릴 것입니다."

뜻밖의 제안에 관객들이 술렁이는 듯하더니 그중 누군가가 소리쳤다.

"동점이면 어떻게 해요?"

그러자 전령이 어깨를 쭉 펴며 대답했다.

"동점이 나올 경우, 두 참가자의 요청에 따라 제가 최종 결정을 내릴 겁니다."

전령은 마르시아스와 아폴론이 자신에게 결정권을 맡겼다는 사실에 대단히 자부심을 느끼는 모양이었다.

"상은 뭔데요?"

또 다른 누군가가 질문을 던지자 이번에는 마르시아스가 자신만만하게 대답했다.

"승자는 패자한테서 전리품을 받아 낼 거예요. 아폴론, 어, 그러니까 패자는 승자가 원하는 것이 무엇이든 군말 없이 넘겨 줘야 해요."

칼리오페는 아폴론의 얼굴이 순간 해쓱해지는 걸 놓치지 않았다.

'왜 저러는 거지? 아폴론은 불멸의 존재잖아. 솔직히 마음 깊숙한 곳에선 자기가 이길 거라고 확신하고 있을 텐데?'

이어 전령이 무대 가장자리에 마련된 의자를 가리키며 큰 소리로 외쳤다.

"호명되신 분께서는 무대 위로 올라오셔서 심사위원석에 앉아 주시기 바랍니다."

마르시아스가 먼저 심사위원을 뽑았다. 마르시아스는 자랑스럽게 여기는 염소 털 조끼를 툭툭 두드리며 전령 옆으로 가더니 두 손으로 조끼를 쓱 쓸어내리며 객석을 쭉 살폈다.

"여기요!"

"날 뽑아요!"

객석 여기저기서 관객들이 손을 흔들며 소리쳤다. 결국 전령이 나서서 조용히 해 달라는 손짓을 했다.

마르시아스는 거침없이 두 명의 이름을 불렀다.

"에코와 다프네."

호명된 두 님프는 "꺅!" 하고 소리를 지르며 일어나더니 무대로 총총히 걸어 나왔다. 에코와 다프네는 둘도 없는 단짝일 뿐만 아니라 마르시아스의 친구이기도 했다. 마르시아스가 그토록 아끼는 조끼를 만들어 준 디자이너가 바로 에코였다.

"그리고 판을 뽑을래요."

마르시아스가 객석 꼭대기 자리에 앉은 판을 가리키며 소리쳤다. 같은 사티로스족인 판도 악기를 직접 만들 만큼 음악 실력이 대단한데, 특히 갈대로 만든 팬파이프를 기가 막히게 연주했다. 판은 신이 나서 "음메에!" 소리를 내며 무대 위의 두 님프 곁에 가서 앉았다.

이어 아폴론의 차례가 왔다. 아폴론은 전령을 가운데 두고 마르시아스 반대편에 섰다. 객석을 쭉 훑어보던 아폴론의 눈길이 칼리오페에게 닿았다.

"칼리오페를 선택할게요."

아폴론은 싱긋 웃으며 덧붙였다.

"그리고 뮤즈 자매 중 두 분을 더 모시겠습니다. 그 결정은 칼리오페에게 맡길래요."

칼리오페는 놀라서 눈을 휘둥그렇게 떴다.

'난 아폴론이 여자 친구인 카산드라, 쌍둥이 누나 아르테미스, 룸메이트 디오니소스를 뽑을 거라고 생각했는데. 혹시 공연을 망쳤다는 이야기를 듣고 날 불쌍하게 여겨서 뽑은 건가? 이유야 어찌 되었든 이건 엄청난 영광이잖아!'

칼리오페는 책임감 있는 소녀 신답게 심사위원 역할을 진지하게 해내기로 단단히 마음먹었다.

'난 이제 뮤즈 자매의 철없는 막내가 아니야!'

그사이 언니들은 칼리오페를 빤히 바라보며 결정을 기다리고 있었다.

"마음 같아선 언니들을 다 뽑을 수 있으면 좋겠어."

칼리오페는 진지하게 말을 꺼냈다.

"하지만 내 맘대로 할 수 있는 일이 아니니, 우라니아 언니랑 테르프시코레 언니를 뽑을게."

세 뮤즈 자매는 서둘러 무대 위의 심사위원석으로 향했다.

심사위원 여섯 명이 모두 자리를 잡고 앉자 아폴론과 마르시아스 중 누가 먼저 연주할지 결정하기 위해 전령이 동전을 던졌다. 동전 앞면이 나오면 아폴론이 먼저, 뒷면이 나오면 마르시아스가 먼저 연주하기로 했다.

결과는 앞면이었다. 아폴론은 무대 옆으로 걸어가서 준비해 둔 리라를 집어 들었다.

리라는 울림통 역할을 하는 거북이 등딱지 위에 U자 모양의 굽은 막대를 세우고, 그 위에 가로 막대를 붙인 다음, 일곱 가닥의 현을 달아 만들었다. 길이는 같지만 굵기가 다 다른 일곱 현은 '브리지'라는 작은 막대 위에 걸쳐져 있어서 현을 켜면 그 진동이 울림통을 거쳐 소리가 되었다.

아폴론은 진행 요원이 가져온 의자에 앉더니 연주를 시작하기에 앞서 현을 조정했다. 리라 위쪽의 가로 막대에는 현과 연결된 작은 황동 나사가 달려서 현을 조이거나 풀어서 음높이를 조정할 수 있었다.

모든 준비를 마치자, 아폴론은 곧바로 두 손으로 현을 뜯으며 연주를 시작했다. 아폴론은 손끝으로 음의 높낮이와 박자를 자유자재로 가지고 놀면서 완벽한 화음을 만들어 냈다. 관객들은 아름다운 음악에 푹 빠져 숨죽인 채 아폴론의 연주에 귀를 기울였다.

마침내 아폴론이 연주를 마치자 우레 같은 함성과 박수갈채가 쏟아졌다. 아레스와 포세이돈은 자리에서 일어서서 목청이 터지도록 소리를 질렀다. 칼리오페도 언니들과 함께 큰 환호를 보냈다.

아폴론이 리라와 의자를 챙겨 들고서 무대 뒤로 들어갔다. 곧이어 마르시아스가 무대 중앙으로 나왔다. 마르시아스의 악기 아울로스는 속이 빈 나무줄기에 구멍을 쭉 뚫어 만든 관이 좌우로 두 개 있어서 불면 두 가지 소리가 한꺼번에 났다.

마르시아스는 객석을 향해 살짝 웃어 보이더니 아울로스를 입술에 가져다 댔다. 그러고는 볼을 한껏 부풀렸다가 힘껏 숨을 뱉으며 발랄한 곡을 연주하기 시작했다. 마르시아스의 손가락이 두 관 위를 날아다니듯 움직였다. 곡조가 어찌나 신나는지 마치 제우스의 손끝에서 뿜어져 나오는 불꽃처럼 짜릿한 느낌마저 들었다.

칼리오페는 당황해서 언니들과 눈길을 주고받았다. 뮤즈 자매는 사실 마르시아스의 손을 들어 줄 마음이 없었지만, 놀라운 연주를 듣고 나니 선택의 여지가 없는 듯했다.

마르시아스가 연주를 마치자 극장이 떠나갈 듯한 박수와 함성이 쏟아졌다. 심지어 발까지 쾅쾅 구르는 관객도 있었다!

마르시아스가 아폴론을 향해 의기양양한 미소를 날리는 모습을 보며 칼리오페는 생각했다.

'자기가 이겼다는 걸 아는 거야.'

그런데 심사위원 여섯 명이 공식적으로 투표를 하기 전인데도, 관객들의 반응에 들뜬 마르시아스가 주먹을 치켜들며 소리쳤다.

"이 몸이야말로 세상에서 제일가는 음악가이시다!"

이어 마르시아스는 아폴론을 향해 돌아서더니 잔뜩 우쭐대며 객석에 들릴 만큼 큰 소리로 말했다.

"어차피 내가 이길 테니까 네게 한 번 더 기회를 줄게. 날 이겨 봐."

마르시아스는 두 눈을 번득이며 행운의 조끼를 탁탁 두드리더니 씩 웃으며 물었다.

"자, 아폴론. 어쩔래? 한 번 더 도전해 볼 거야?"

아폴론은 머뭇머뭇하더니 무안한 듯한 표정으로 심사위원들을 쳐다보았다.

아폴론과 눈이 마주친 순간, 칼리오페는 아폴론의 눈빛에서 절망감을 읽었다. 칼리오페가 힘내라는 듯이 응원의 미소를 보내자 갑자기 기운이 돌았는지 아폴론의 표정이 절망에서 희망으로, 나아가 자신감으로 바뀌었다.

곧장 아폴론은 가슴을 쭉 펴며 마르시아스를 똑바로 마주 보았다.

"제안을 받아들일게. 부디 후회하지 않기를 바라."

아폴론은 묘한 미소를 짓더니 마르시아스의 조끼를 유심히 바라보며 덧붙였다.

"내가 이기면 네 털을 싹 밀어 버릴 작정이거든."

마르시아스는 물러서기는커녕 자신만만하게 웃었다.

"그러든지. 대신 나도 조건이 있어."

마르시아스의 눈에 욕심이 이글거렸다.

"너한테 두 번째 기회를 준 대가를 톡톡히 받아 내야지 않겠어? 내가 이기면 넌 올림포스 학교를 떠나 내가 죽는 날까지 숲에서 날 섬기도록 해."

듣고 있던 관객들은 경악했지만, 아폴론은 놀랄 정도로 자신만만했다.

"좋아."

아폴론은 다시 리라를 들고 무대 가운데로 나왔다. 그런데 이번에는 의자에 앉지 않고 선 채로 방금 마르시아스가 아울로스로 연주한 바로 그 곡을 연주하기 시작했다. 그것도 두 배로 빠르게! 이어 아폴론은 관객들을 놀래 주기로 작정한 듯 갑자기 리라를 빙글 돌리더니 머리 위로 치켜들고 거꾸로 연주하기 시작했다! 그다음에는 리라를 등 뒤에 두고, 심지어 입에 대고 이로 연주하기도 했다. 아폴론의 기이한 연주는 계속 이어졌지만 음정은 한 번도 틀리지 않았다.

마침내 연주가 끝나자 아폴론은 공중제비를 휙 돌더니 리라를 객석으로 던졌다. 아폴론의 친구이자 룸메이트 디오니소스가 날아오는 리라를 잡아채고서 소리쳤다.

"아폴론, 최고의 무대였어! 이건 내가 기념으로 보관하고 있을게. 나중에 돌려받고 싶을 때 말해!"

놀란 관객들은 환성을 지르고, 박수를 치고, 발을 구르며 너도나도 "브라보!"를 외쳤다. 반면 마르시아스는 방금 전과 달리 긴장한 듯 얼굴이 어두웠다.

이어 아폴론은 칼리오페를 쳐다보며 입 모양으로 인사를 건넨다.

'고마워. *거꾸로도, 뒤집어도.*'

'응? 아폴론이 왜 나한테 고맙다고 하는 거지? 저 이상한 말은 또 뭐야? 난 아폴론을 딱히 돕지 않았는데? 흐으음.'

그때, 생각 하나가 머릿속을 스쳤다.

'아, 아폴론이 무대에 오르기 전에 내가 그랬지. 넌 리라를 거꾸로 들거나 뒤집어 들어도 잘 연주할 테니 행운 따위 필요 없다고 말이야.'

아폴론은 칼리오페의 말에 영감을 얻고서 정말로 그렇게 연주하기로 마음먹은 모양이었다.

'창의력 넘치는 예술가답게 아폴론도 나한테서 얻은 영감을 바탕으로 자신만의 뭔가를 이룩해 냈어. 대단해!'

전령이 다시 무대 가운데로 나왔다. 아폴론과 마르시아스가 전령의 양쪽에 서자 전령이 여섯 심사위원에게 눈길을 돌렸다.

"자, 그럼 결과를 들어 볼까요? 제가 각 참가자의 머리에 손을 올리면 심사위원들께서는 승자라고 생각되는 쪽에 엄지를 들어 주세요."

전령은 먼저 아폴론의 머리에 손을 얹었다.

칼리오페, 우라니아, 테르프시코레가 먼저 엄지를 척 들어 올렸다. 그러자 마르시아스에게 미안하다는 눈빛을 보내며 판,

에코, 다프네도 따라서 엄지를 들었다.

"만장일치로군요! 아폴론의 승리입니다!"

전령이 그럴 줄 알았다는 듯한 표정으로 결과를 외치자 관객들이 뜨거운 환호성으로 답했다.

"야호!"

"진짜 멋있었어!"

"리라가 불타오르네!"

객석의 열기가 조금 가라앉자 전령이 아폴론에게 물었다.

"상으로 뭘 고를 건가요?"

아폴론이 마르시아스를 보며 씩 웃더니 대답했다.

"말했지? 네 털을 싹 밀어 버리겠다고. 아니면 적어도……."

아폴론은 마르시아스의 염소 조끼를 가리켰다.

"그 털 조끼를 벗어. 내 방에 전리품으로 걸어 놓을 거야."

마르시아스가 알겠다는 듯이 마지못해 고개를 끄덕였다. 관객들이 손뼉을 치며 웃는 사이 마르시아스는 조끼를 벗어서 아폴론에게 건넸다.

"잘 간직해 줘. 내가 진짜 애지중지하는 옷이야."

"걱정하지 마. 털은 또 자랄 테니까."

"그래. 십 년쯤 걸리겠지."

마르시아스는 아무래도 아폴론이 부디 자기를 불쌍하게 여겨 조끼를 돌려주길 바라는 듯했다.

칼리오페는 마르시아스의 부루퉁한 모습을 보며 생각했다.

'만약 네가 이겼다면 넌 아폴론에게 자비를 베풀었겠니? 안 그랬을걸?'

칼리오페는 마르시아스가 별로 불쌍하게 느껴지지 않았다.

'아폴론에게 음악 대결을 하자며 스스로 화를 불러들였잖아. 게다가 한 번 창피를 줬으면 됐지, 굳이 한 번 더 하자고 나설 건 뭐람. 그래, 절대 똑똑한 짓은 아니었어.'

2부 행사에는 더 많은 그룹의 공연과 함께 오후 늦게까지 축제가 계속될 예정이었다. 그러나 칼리오페도 언니들도 할 일이 많았다. 뮤즈 자매는 새로 온 관객에게 자리를 양보하고 극장 밖으로 나왔다.

"칼리오페!"

누군가 부르는 소리에 뒤돌아보니 호메로스가 허둥지둥 달려오고 있었다.

"칼리오페, 잠깐 얘기 좀 나눌 수 있을까?"

칼리오페는 공연을 망친 일이 여전히 창피했지만, 호메로스의 미소를 마주하자 방긋 웃음이 나왔다.

"좋아."
그러자 호메로스는 머쓱해하며 다시 물었다.
"둘이서만 얘기해도 될까?"
'어머! 나한테만 따로 하고 싶은 얘기가 있나 봐.'
칼리오페는 기분 좋은 기대감에 마음이 살며시 부풀었다.
'나한테 한바탕 잔소리를 하려는 게 아니었나 봐. 혹시 같이 넥타르 셰이크를 마시러 슈퍼파워 슈퍼마켓에 가지 않겠느냐고 물어보려는 건 아닐까?'
칼리오페는 언니들 곁에서 몇 걸음 물러섰다. 그러면서 호메로스가 한 손에는 가방을, 다른 한 손에는 파피루스 두루마리를 들고 있는 걸 알아차렸다. 온갖 생각이 칼리오페의 머리를 스쳤다.
'어떤 내용이 쓰여 있는 걸까? 연인에게 바치는 시일까? 설마 나한테 주려는 거야?'
칼리오페의 심장이 쿵쾅쿵쾅 빠르게 뛰기 시작했다.
"받아."
그런데 호메로스가 내민 물건은 두루마리가 아니라 가방이었다.
"이걸 영웅학 교실에 가져다 놔 줄래? 아까 내가 앉았던 자리

밑에 놓여 있더라. 네가 학교로 돌아갈 때 들고 가면 될 것 같아서 휴식 시간에 전해 주려 했던 거야. 너 말고 믿을 만한 애가 없잖아."

칼리오페는 대체 무슨 영문인지 모르겠다는 표정으로 가방을 받아들었다. 호메로스는 칼리오페의 반응을 못 본 척 말을 이었다.

"가방 안에 든 물건이 돌아온 걸 알면 키클롭스 선생님이 좋아하실 거야. 보니까 영웅학 보드게임 판의 조각상인 것 같더라. 전에 키클롭스 선생님 교실에 가서 본 기억이 나더라고. 조각상이 없어졌다는 얘기도 얼핏 들었고 말이야."

"정말?"

칼리오페는 놀라서 가방 안을 살펴보았다. 호메로스 말대로 8센티 정도 되는 여러 개의 조각상이 들어 있었다. 칼리오페는 다시 고개를 들고 호메로스에게 말했다.

"누가 이걸 훔쳐 갔대! 조각상이 없어지는 바람에 지금 영웅학 수업에선 조개껍질을 말로 쓰고 있댔거든. 그런데 도둑이 하필 이곳에 조각상을 두고 가다니, 진짜 희한한 일이네."

칼리오페가 어리둥절한 얼굴로 주위를 살피자 호메로스는 별 대수롭지 않다는 듯 어깨를 들썩이며 말했다.

"그래. 미스터리지. 제우스 교장 선생님이나 키클롭스 선생님이 의심하고 있는 용의자가 있는지 모르겠네."

호메로스는 아주 잠깐 뜸을 들였다가 한마디 덧붙였다.

"이제 조각상이 돌아왔으니 상관없겠지만, 그냥 궁금해서."

이어 호메로스는 텅 빈 무대를 고갯짓으로 가리키며 이야기 주제를 바꾸었다.

"아까 공연 멋졌어. 몇 번 실수하긴 했지만 말이야."

"멋졌다고? 정말?"

칼리오페는 눈이 반짝했다.

'내가 다 망쳤다고 생각하지 않나 보네. 호메로스는 엉망이면 엉망이라고 말했을 거야. 혹시 호메로스 나름대로 다정한 표현을 한 건가?'

칼리오페는 방긋 미소 지으며 호메로스가 손에 들고 있는 두루마리를 슬쩍 쳐다보았다. 그러나 안타깝게도 호메로스는 두루마리를 건네기는커녕 겨드랑이에 꼈다.

'휴, 나한테 바치는 시는 아닌가 봐. 지금 쓰고 있는 글에 필요한 자료집 같은 건가?'

호메로스가 인상을 찌푸리며 입을 열었다.

"실수 얘기가 나와서 말인데, 너 무대 위에서 왜 그런 거야?"

"뭐? 조금 전에는 내 공연이 멋졌다며?"

"아니, 아폴론의 공연이 멋졌다는 거지. 정확히 말하자면 두 번째 공연이 그랬다고. 아폴론에게 다시 연주할 기회를 주다니, 마르시아스는 어쩌자고 그런 실수를 저지른 거야?"

"아, 그건 맞는데. 난 나한테 하는 말인 줄 알고······."

칼리오페는 일부러 말끝을 흐렸다. 호메로스가 자신의 실수에 대해 뭔가 따뜻한 말을 해 주기를 바라서였다. 정말이지, 헛다리를 짚어도 단단히 짚은 셈이었다.

"칼리오페, 너 진짜 연습 좀 해야겠더라."

'참 나, 나도 알거든? 네가 《일리아드》와 《오디세이아》를 쓸 수 있게 돕느라 시간을 들이지 않았다면 지금쯤 노래를 수백만 개는 외웠을 거야. 왜 그 생각은 전혀 못 해? 휴, 아니야. 이건 내가 너무 지나쳤어. 그 책을 쓸 때 영감을 준 건 오래전 일이잖아. 내가 오늘 노래를 못 외워서 망친 거랑 상관없는걸.'

그래도 칼리오페는 호메로스의 차가운 태도에 마음이 너무 상해서 가방을 도로 돌려주고 싶었다.

'귀찮은 부탁을 하고 나서 망신을 주는 게 말이 돼?'

그러나 칼리오페는 가방을 다시 건네지 않았다.

'조각상들이 제자리로 돌아가는 시간만 늦춰질 뿐이야.'

그때, 우라니아가 칼리오페를 소리쳐 부르더니 근처에 대기하고 있는 전차를 가리켰다. 두 자매가 음악 축제에 오려는 학생 여섯 명과 함께 타고 왔던, 파란색 바탕에 황금 번개가 그려진 올림포스 학교 전차였다.

"칼리오페, 서둘러. 이제 가 봐야 해."

칼리오페는 작별 인사를 하려고 돌아섰다. 그런데 호메로스는 이미 저 멀리 걸어가고 있다.

'어쩜, 잘 가라는 인사도 안 하니?'

칼리오페는 기분이 확 상해서 호메로스의 등에 대고 크게 소리쳤다.

"난 이제 가 봐야겠어. 호메로스, 피가 되고 살이 되는 조언을 해 줘서 기가 막힐 정도로 고마워. 덕분에 영감을 팍팍 받았지 뭐야."

목소리에 가시가 마구 돋쳐 있었지만, 칼리오페는 상관하지 않았다.

'어차피 호메로스는 내가 비꼬고 있는 줄도 모를걸?'

아니나 다를까, 호메로스가 어깨 너머로 소리쳐 답했다.

"도움 됐다니 다행이야."

'저거 봐, 내가 정말로 자기 지적질을 고맙게 받아들인 줄 알고 있잖아! 어이가 없다니까!'

칼리오페가 멍하니 쳐다보고 있는데, 호메로스가 가방을 의미심장하게 눈짓하며 한마디했다.

"잘 간수해."

칼리오페가 한마디 되쏘아 주려는데, 갑자기 한 어여쁜 인간 소녀가 호메로스에게 다가섰다. 검은 머리칼을 포니테일 스타일로 묶은 소녀는 손에 《오디세이아》를 꼭 쥐고 있었다.

칼리오페가 머뭇머뭇하는 사이, 여자아이가 말을 걸자 호메로스는 걸음을 늦추었다. 인간 소녀는 칼리오페보다 세 살 정도 많아 보였다. 아무래도 호메로스와 같은 또래인 듯했다.

소녀는 설레는 눈빛으로 호메로스를 바라보며 거침없이 말을 쏟아 냈다.

"어머나, 호메로스를 이렇게 만나다니! 난 《오디세이아》를 정말 좋아하거든. 세 번이나 읽었어!"

소녀는 호메로스에게 두루마리 책을 쓱 내밀었다.

"사인해 줄 수 있어?"

"그럼. 물론이지."

호메로스는 주머니에서 깃털 펜을 꺼내더니 능숙한 동작으로 두루마리 책 앞머리의 빈 공간을 착 펼쳤다. 그러더니 펜을 들고서 소녀에게 물었다.

"뭐라고 써 줄까?"

소녀는 긴 속눈썹을 파르르 떨며 대답했다.

"'클로이에게, 내 모든 사랑을 담아.' 어때?"

칼리오페는 그 말을 듣고 기겁했다.

'우웩! 뭐야? 저 이상한 애는?'

칼리오페는 호메로스가 그런 말을 쓸 순 없다고 거절하기를 기다렸다. 그런데 호메로스는 정수리까지 새빨개져서는 허허 웃기만 했다.

"음……. 그러지, 뭐."

'어머, 진짜 기분이 좋은가 봐!'

칼리오페가 기가 막히다는 얼굴로 계속 서 있자, 우라니아가 또다시 재촉했다.

"칼리오페! 빨리 안 오고 뭐 해!"

칼리오페는 호메로스를 저 이상한 여자아이 곁에 남겨 놓은 채 자리를 뜨고 싶지 않았다. 하지만 어쩔 수 없이 언니에게 알겠다는 손짓을 하고서 터덜터덜 걸음을 옮겼다. 언니 곁으로 가는 내내 칼리오페는 뒤에 남은 둘 사이에 무슨 일이 벌어지는지 살폈다.

클로이가 다시 눈썹을 파르르 떨며 말했다.

"네 글에는 지이이이이인짜 영감이 가득한 것 같아."

칼리오페는 걸음을 멈추고 호메로스의 대답을 기다렸다.

'당연히 나한테 영감을 받은 덕분이라고 대답하겠지? 그럼 돌아가서 둘 사이에 끼어들어야겠어. 우라니아 언니한테는 좀 기다리라고 하지, 뭐.'

그런데 호메로스의 입에서 예상 밖의 대답이 떨어졌다

"응. 긴 이야기를 쓴다는 게 쉬운 일이 아니거든. 그 책을 쓰느라 내가 얼마나 노력했는지 넌 짐작도 못 할 거야."

"어머! 왜 못 해. 네가 얼마나 노력했는지 다 보이는걸."

'으윽!'

단단히 토라진 칼리오페는 전차를 향해 서둘러 걸음을 옮겼다. 걸어가는 내내 호메로스가 건넨 가방이 칼리오페의 다리를 툭툭 쳤다.

'흥. 내 도움은 조금도 고맙지 않다 이거지? 이제 너랑은 끝

이야. 영원히!'

"칼리오페, 무슨 일 있니?"

우라니아가 칼리오페와 호메로스를 번갈아 보며 물었다.

'응. 있어도 아주 크게 있지. 기분이 완전 상해 버렸거든.'

하지만 칼리오페는 속내를 털어놓지 않았다.

"아니. 아무 일 없어."

잠시 후, 전차가 극장 위 하늘로 날아올랐다. 칼리오페는 저도 모르게 호메로스 쪽을 쳐다보았다. 그리고 호메로스가 칼리오페를 향해 빙그레 웃으며 손을 흔든 순간, 꽁꽁 얼어붙었던 칼리오페의 마음은 눈 녹듯 녹아 버렸다.

'그저 팬에게 친절을 베푼 것뿐일 거야. 그 여자애가 사인을 받으려고 너무 들이댔잖아.'

심지어 칼리오페는 모든 일을 호메로스의 편에서 생각하기 시작했다.

'상대가 사랑이라는 말을 써 달라고 하니까 호메로스가 당황했었나 봐. 《오디세이아》를 쓸 때 힘들었다는 얘기는 깊이 생각하지 않고 가볍게 말했던 걸 거야. 실제로 호메로스가 애를 많이 썼잖아. 자기 작품에 자부심을 가질 만하지. 내가 영감을 주긴 했지만, 어쨌든 글로 쓴 건 호메로스니까. 호메로스가 공을

가져가는 게 당연해. 원래 재능 많은 예술가들이 좀 그렇잖아.'

시들어 가던 짝사랑이 칼리오페의 마음에 다시 싹을 틔웠다. 그러나 그동안에도 호메로스는 계속 클로이와 이야기를 나누고 있었다. 전차가 구름 위로 날아오르자 칼리오페의 시야에서 두 사람이 완전히 사라졌다.

'호메로스가 저 애한테 슈퍼파워 슈퍼마켓에 놀러 가자고 데이트 신청하면 어떡하지?'

그 생각을 하자 칼리오페는 마음 깊숙한 곳이 저릿했다.

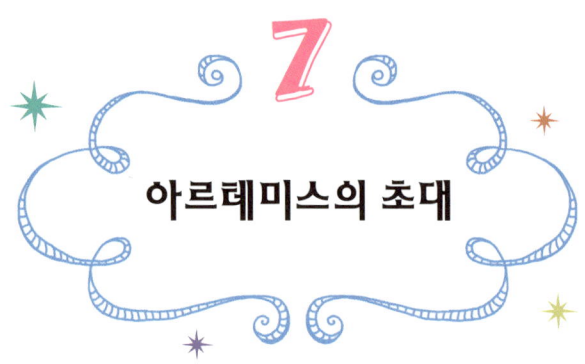

아르테미스의 초대

 학교에 도착하자마자 칼리오페는 당장 영웅학 교실로 달려가서 키클롭스 선생님의 책상에 가방을 내려놓았다.
 '월요일 아침에 오시면 바로 발견하시겠지.'
 들어갈 때와 달리, 칼리오페는 교실에서 살며시 나와 조심스럽게 문을 닫았다. 부탁받은 일을 마쳤으니 얼른 방으로 가서 공연 의상부터 갈아입고 싶었다.
 '휴, 그래도 호메로스와 키클롭스 선생님을 도울 수 있으니 기뻐. 영웅학 수업 때문에 조각상이 필요했던 학생들한테도 잘된 일이고. 조개껍질들이여, 안녕!'
 그동안 학생들은 물감, 끈, 그 밖의 잡동사니로 조개껍질을 재미나게 장식해서 자신이 담당하는 영웅과 비슷하게 만들어 두었다. 나름 정든 조개껍질과 헤어진다고 생각하니 칼리오페는 섭섭할 지경이었다.

영웅학 조각상을 무사히 제자리로 가져다 두는 데 성공하자 어쩐지 자신감이 솟은 칼리오페는 내친김에 아프로디테를 초대하기로 마음먹었다. 좋아하는 청록색 키톤으로 옷을 갈아입자마자 칼리오페는 아프로디테의 방으로 가서 문을 똑똑 두드렸다.

"음악 축제에 갔어요. 늦게 올 거예요. 메모 남겨 주세요."

아프로디테의 목소리가 대답했다. 방문에 쓰고 지울 수 있는 하트 모양 두루마리 메모지와 분홍색 깃털 펜이 달려 있었는데, 아마 그 깃털 펜에서 소리가 나는 듯했다.

칼리오페는 한숨을 쉬며 메모를 남기려고 깃털 펜을 집어 들었다가 바로 멈칫했다.

'지나다니는 아이들이 다 볼 수 있는 곳에 메모를 남기는 것보다 직접 만나서 초대하는 게 낫지 않을까?'

결국 칼리오페는 펜을 도로 내려놓았다.

'축제장에 좀 더 머물렀어야 했나 봐.'

솔직히 칼리오페는 자신의 실수에 대해 누가 말을 꺼낼까 봐 서둘러 그곳을 벗어나고 싶은 마음도 없지 않았다.

'언니들이 떠나기도 했고, 나도 해야 할 숙제도 있고, 게다가 결국 호메로스가 건넨 가방도 배달해야 했잖아. 아침에 축제장에 간 아이들은 아마 지금도 거기 있겠지? 적어도 숙제가 밀리지 않은 아이들은 말이야.'

칼리오페는 혼자 외로이 방에 있고 싶지 않았다.

'그래, 도서관에 가서 숙제를 하자!'

칼리오페는 두루마리, 아이디어 목록, 펜 등 필요한 도구를 챙겨서 부지런히 도서관으로 향했다.

그런데 칼리오페한테는 도서관도 뭔가에 집중할 수 있는 환경은 아니었다. 다양한 주제의 두루마리 책이 사방에 가득하니 또 온갖 아이디어가 마구 떠올랐다. 아이디어가 모자라서 숙제를 못 하는 것도 아닌데!

실내 체육관에 관한 책을 읽으며 커다란 공간에 다양한 실내 경기용 트랙과 전차 경주장이 모두 있으면 어떨지 상상해 보고 있는데, 올림포스 학교장 제우스가 도서관으로 들어왔다. 제우스는 철 지난 두루마리 잡지를 두 팔 가득 안고 와서는 칼리오페의 자리에서 앞쪽 네 번째 책상에 와르르 쏟아 놓았다.

사서 에라토스테네스 선생님이 도서관 한쪽에 마련된 사무실에서 후다닥 달려 나오더니 제우스의 곁으로 다가가며 나직이 물었다.

"어쩐 일이신가요?"

에라토스테네스 선생님은 칼리오페가 아는 한 세상에서 가장 조용조용 이야기하는 사람이었다. 제우스와 정반대랄까?

"아내가 교장실 좀 정리하라고 하더군요."

제우스가 쩌렁쩌렁 울리는 목소리로 말을 꺼냈다.

"그래서 잡지 《최신 건축》과 《계간 우수 교장》 과월호를 가져왔어요."

"아, 감사합니다."

대답하는 목소리는 여전히 나직했지만, 에라토스테네스 선생님은 정말로 기쁘고 흥분되는지 두 손을 싹싹 비볐다.

제우스는 껄껄대며 이야기를 이었다.

"교장실에 있는 다른 물건은 필요하지 않겠지요? 헤라가 의자 쿠션을 바꾸라고 하더군요. 내 보기에는 예전 것도 그을린 자국이 군데군데 있을 뿐 멀쩡해 보이는데 말이에요. 아, 헤라는 벽에 걸어 둔 그림도 바꾸고 싶어 한다오."

제우스는 머리를 벅벅 긁적이며 덧붙였다.

"난 내가 그린 페가수스 그림이 정말 멋지다고 생각하는데,

헤라는 생각이 전혀 다르더군요. 선생님도 그 그림을 봤지요? 어떻게 생각합니까?"

"음……."

에라토스테네스 선생님의 얼굴이 하얗게 질렸다. 우물쭈물하는 걸 보니 아마 제우스의 기분을 상하게 하지 않을, 재치 있는 대답을 생각해 내려 애쓰는 듯했다.

칼리오페는 그 모습을 지켜보며 생각했다.

'호메로스도 에라토스테네스 선생님의 저런 모습을 본받으면 좋겠어!'

한편 칼리오페도 처음 전학 와서 교장 선생님과 면담하던 날, 문제의 페가수스 그림을 보았다. 거대한 책상 뒤쪽 벽에 아주 떡하니 걸려 있어서 교장 선생님과 이야기 나누다 보면 그림에 저절로 눈이 갔다.

그림 옆에는 〈하늘을 나는 페가수스〉라는 제목이 붙어 있었다. 듣기로는 무얼 그린 그림인지 궁금해하는 이가 없도록 제우스가 직접 붙였다고 했다.

'다행이지. 제목이 안 붙어 있으면 그게 황금 날개를 펄럭이며 날아가는 천마라는 걸 무슨 수로 알아보겠어?'

제우스는 많은 능력을 지녔지만, 그림에는 영 소질이 없는 듯했다.

'절대 말하지 않을 거지만, 딱 다섯 살짜리가 물감 묻힌 손으로 그린 것 같았다고!'

"잡지는 감사히 받겠습니다."

에라토스테네스 선생님의 목소리가 너무 낮아서 칼리오페는 귀를 쫑긋 세워야 했다.

"그런데 의자 쿠션이나 그림은 도서관에 크게 도움이 되지 않을 것 같아요."

"아, 그럼요. 그냥 물어본 거예요."

제우스는 고개를 끄덕이며 대답했다.

"기증할 다른 곳을 찾아보리다. 정 못 찾으면 그냥 두고요!"

씩 웃는 제우스의 표정을 보니 어쩐지 그렇게 되기를 바라는 것 같았다.

제우스가 나가자 에라토스테네스 선생님은 잡지를 차곡차곡 모으기 시작했다. 그사이 아르테미스가 활이 든 화살 통을 메고서 도서관으로 들어오더니 손을 흔들며 인사를 건넸다.

"선생님, 안녕하세요! 제가 예약해 둔 두루마리 책을 찾으러 왔어요."

에라토스테네스 선생님은 두 팔 가득한 잡지 무더기 너머에

누가 있는지 빼꼼 고개를 빼서 확인하더니 조용조용 대답했다.

"잠깐만. 이따가 정리 작업을 할 수 있도록 잡지를 먼저 사무실에 가져다 놓고 바로 네가 예약한 책을 꺼내 주마."

"네. 고맙습니다."

아르테미스는 책상에 걸터앉더니 조그마한 숫돌과 화살을 꺼내어 열심히 화살촉을 갈기 시작했다.

'지금이야말로 아르테미스랑 친해질 기회야! 아프로디테랑 바라던 대로 일이 잘 풀리지 않을 때를 대비해야지.'

칼리오페는 아르테미스와 눈길이 마주치자 방긋 웃으며 말을 걸었다.

"안녕, 난 칼리오페야. 기억나?"

"그럼. 어제 오스트라킨다 게임할 때 같은 팀이었잖아. 도서관에서 뭐 하고 있어?"

"아, 건축학 숙제를 하던 중이야."

정확히 말하자면 사실은 아니었다. 지금까지 칼리오페는 여러 책들을 뒤적이며 이 아이디어, 저 아이디어를 건드리기만 했으니까.

'뭐, 그게 그거지.'

목소리를 높이지 않고 이야기를 나누고 싶었는지 아르테미스는 칼리오페 곁으로 다가왔다.

"나도 1교시에 건축학 수업 들어."

"그래?"

칼리오페는 눈이 반짝했다.

'어머, 오스트라킨다를 좋아하는 것 말고도 나랑 공통점이 있네.'

"아르테미스, 넌 어떤 건물을 설계하고 있어?"

칼리오페가 묻자 아르테미스는 아예 맞은편 자리에 앉더니 신이 나서 대답했다.

"활쏘기 연습장. 설계도는 일찌감치 완성해서 어제 제출했어. 오늘은 재미 삼아 읽을 책을 가시러 온 거야."

"좋겠다."

칼리오페는 우울한 표정으로 말을 이었다.

"난 아직 주제도 결정 못 했는데."

"저런."

아르테미스는 책상 위에 놓여 있는 두루마리 뭉치를 훑어보며 말했다.

"그러다 제출 기한 놓치면 어떡하려고. 꽤 초조하겠구나."

이어 아르테미스는 고개를 갸웃하며 한마디 덧붙였다.

"그런데 넌 뮤즈잖아. 아이디어 많지 않아?"

칼리오페는 어깨를 축 늘어뜨리며 대답했다.

"아이디어를 내는 건 쉬워. 그중 하나를 골라서 대단한 것으로 발전시키는 게 어렵지."

그러자 아르테미스가 웃으며 대꾸했다.

"아무리 뮤즈라도 자기 자신한테 뮤즈 되기는 어렵나 보네?"

칼리오페도 까르르 웃음을 터뜨렸다.

"맞아. 정확히 그 점이 문제야."

칼리오페는 책상 위에 널려 있는 두루마리 책을 보며 바라보았다.

"여기 오면 숙제하는 데 도움이 될까 했는데, 오히려 후보만 더 늘어난 것 같아. 이건 내가 바란 게 아닌데 말이야. 그래도 도서관에 오면 저절로 기분이 좋아지지 않니? 난 여기서 살라고 해도 살 수 있을 것 같아!"

아르테미스가 손가락을 딱 튕기며 말했다.

"아, 도서관은 어때? 설계 숙제로 말이야. 네가 좋아하고 흥미를 느끼고 있는 곳을 고르면 숙제가 훨씬 쉽지 않을까? 내가 건축학 숙제로 새 활쏘기 연습장을 설계한 것도 그래서거든. 어떤 점을 개선하면 좋을지 아이디어가 잔뜩 있으니까."

에라토스테네스 선생님이 두루마리 책을 가지고 돌아오자 아르테미스는 잠시 말을 멈추고 책을 건네받았다. 그사이 칼리오페는 아르테미스의 제안에 대해 생각해 보았다.

"대여 기간은 3주란다."

에라토스테네스 선생님이 나직이 알려 주었다. 아르테미스도 소곤소곤 대답했다.

"네. 알겠습니다."

호기심이 돋은 칼리오페는 무슨 책인지 슬쩍 살펴보았다. 《화살에 담긴 공기 역학》라는 제목이 보였다.

'히익, 나라면 재미 삼아 저런 책을 볼 것 같지 않은데. 하긴, 아르테미스는 저런 주제가 재미있을 수 있겠다. 쌍둥이 남동생 아폴론과 함께 올림포스 학교 최고의 활쏘기 명수니까.'

에라토스테네스 선생님이 사무실로 돌아가자 아르테미스가 칼리오페에게 다시 말을 걸었다.

"그럼 숙제 잘 해. 난 이제 기숙사로 돌아가려고."

두루마리 책을 안고서 도서관을 나서는 아르테미스를 따라 칼리오페도 후다닥 짐을 싸서 나섰다.

"잠깐만!"

칼리오페는 아르테미스를 뒤따라가며 말을 이었다.

"네가 준 아이디어 정말 마음에 들어. 도서관 디자인이라니, 딱 좋은 것 같아."

기숙사로 가는 계단을 오르며 칼리오페는 조심스럽게 이야기를 꺼냈다.

"혹시 내 방에서 같이 놀면서 그 얘기 좀 더 해 보지 않을래?"

칼리오페는 자신의 목소리가 너무 애절하게 들리지 않기를 바랐다.

"그럴까? 아, 맞다. 잠시 후에 활쏘기 연습이 잡혀 있어. 두루마리 책만 방에 가져다 놓고 바로 다시 나가야 해."

"아, 그래? 그럼 다음 기회에 보지, 뭐."

칼리오페는 아무렇지 않은 척 말했지만 속으로는 스스로가 실패자처럼 느껴졌다.

두 아이는 곧 4층 여학생 기숙사에 도착했다. 출입문을 열며 아르테미스가 말했다.

"이러면 어때? 이따가 저녁 먹고 내 방으로 와! 같이 놀자."

칼리오페는 기뻐서 날아오를 것 같았다.

"좋아!"

칼리오페의 방은 출입문 바로 옆이라서 기숙사에 들어서자마자 둘은 헤어져야 했다.

"그럼 이따가 보자."

방에 들어선 칼리오페는 콧노래를 흥얼거리며 물건을 책상 위에 우르르 내려놓았다.

'어쩌면, 정말 어쩌면, 아르테미스랑 나랑 너무 잘 맞아서 바로 룸메이트가 될지도 몰라. 아, 그럼 얼마나 좋을까?'

칼리오페는 배시시 웃음이 났다.

'사냥과 활쏘기의 소녀 신과 우연히 마주친 덕분에 내 건축학 숙제도 방향을 아주 제대로 겨누게 됐어!'

룸메이트 두 번째 후보
_아르테미스

 저녁 식사 시간이 되자, 음악 축제에 갔던 학생들 대부분이 학교로 돌아왔다. 다행히 아이들은 식당에서 칼리오페와 마주쳐도 공연에 대해 말을 꺼내지 않았다.
 '다들 내가 무대에서 엄청난 실수를 저지른 걸 잊은 걸까? 부디 그러면 좋겠는데.'
 칼리오페와 아르테미스는 눈이 마주치자 서로 손을 흔들며 인사를 주고받았지만, 각자의 친구들과 함께하느라 자리는 떨어져 앉았다.
 식사를 마치고 기숙사로 돌아온 칼리오페는 곧장 아르테미스의 방으로 가서 "똑똑." 하고 문을 두드렸다. 곧 개 짖는 소리가 들리더니 아르테미스가 소리쳤다.

"들어와!"

칼리오페가 문을 열자마자 달려 나온 사냥개 세 마리가 반갑다는 듯 칼리오페의 손발을 정신없이 핥았다.

"애들아, 그만!"

아르테미스가 말렸지만, 개들은 1분 정도 더 야단법석을 떨고서야 겨우 흥분을 가라앉혔다. 아르테미스는 블러드하운드, 그레이하운드, 비글을 차례로 가리키며 세 반려견을 소개했다.

"얘는 수에즈, 얘는 넥타르 그리고 마지막으로 앰비."

"네가 반려견을 기른다는 걸 깜빡했어."

칼리오페는 마른침을 꼴깍 삼켰다.

'바보같이! 학교를 돌아다니다 아르테미스의 사냥개들과 자주 마주쳤잖아. 그 개들이 어디 살겠어? 당연히 아르테미스의 방에 살 텐데 그 생각을 전혀 못 했네. 어쨌든 아르테미스는 이미 룸메이트가 있는 셈이구나. 침을 많이 흘리는 녀석 셋이 말이야.'

칼리오페는 아르테미스가 손짓하는 대로 방에 들어가 빈 침대에 걸터앉았다.

'난 개를 좋아하지만, 한정된 공간에서 룸메이트뿐만 아니라

개를 세 마리나 데리고 사는 건 음……. 좀 힘들 것 같은데.'

아르테미스가 맞은편 침대에 털썩 앉자 칼리오페는 조심스럽게 물어보았다.

"반려견들은 어디서 자?"

아르테미스는 칼리오페가 앉은 침대를 고갯짓으로 가리켰다.

"거기."

대답과 동시에 넥타르가 침대에 풀쩍 뛰어오르더니 빙글빙글 돌다가 자리를 잡고 앉아서 칼리오페를 빤히 쳐다보았다.

'어머나, 귀여워라!'

칼리오페는 넥타르의 귀를 살살 긁어 주며 생각했다.

'한두 마리 정도는 끌어안고 자면 좋을 것 같은데? 그런데 다 누울 수 있을까?'

사냥개라 세 마리 모두 덩치가 만만치 않았다. 넥타르 혼자서만 침대를 절반이나 차지할 정도였다.

'룸메이트를 간절하게 찾고 있는 마당에 너무 까다롭게 굴면 안 되겠지?'

칼리오페가 잠시 생각에 빠져 있는데, 아르테미스가 말을 걸었다.

"네 건축학 숙제 말이야."

"아, 그래. 네가 준 도서관 아이디어 정말 마음에 들어. 외부는 신전처럼 짓고, 안에는 두루마리 책을 꽂을 선반을 꽉 채우면 어떨까 싶어."

칼리오페의 설명을 듣더니 아르테미스가 고개를 끄덕였다.

"오, 근사하다. 인간은 신에게 경의를 바치기 위해 신전에 가잖아. 도서관 외부를 신전처럼 지어서 지식을 숭배하라는 의미를 전하려는 거구나!"

"아! 뭐…… 그런 셈이지?"

칼리오페는 아르테미스의 대답에 깜짝 놀랐다.

'난 그냥 건물이 크면 두루마리 책을 많이 보관할 수 있겠다 싶어서 신전을 고른 건데! 하긴, 난 지식을 숭배해야 한다는 생각을 늘 마음에 품고 있었던 것 같아.'

뮤즈인 칼리오페는, 다른 이들은 한눈에 알아보는 작품의 주제를 정작 작품을 만든 작가나 예술가가 알아보지 못하는 경우를 자주 접했다.

'때론 눈앞에 버젓이 놓여 있는 것도 안 보이니까.'

칼리오페와 아르테미스가 숙제 이야기만 하니까 지겨웠는지 넥타르가 침대에서 폴짝 뛰어내렸다. 그러고는 "타닥타닥." 하고 마룻바닥에 발톱 부딪히는 소리를 내며 아르테미스의 책상 옆에 놓은 물그릇으로 향했다. 넥타르가 물을 마시기 시작하자 아르테미스가 칼리오페를 보며 물었다.

"방금 저녁 먹긴 했는데 혹시 과자 먹을래?"

칼리오페가 고개를 끄덕였다. 아르테미스는 얼른 과자와 찍어 먹을 소스를 꺼내 왔다.

칼리오페는 과자를 먹으면서 아르테미스한테 빌린 파피루스에 도서관-신전 건물의 외부를 그려 보았다.

'건물 앞편에는 이오니아식 기둥을 주르르 세우는 거야. 꼭대기 부분 장식이 돌돌 말린 두루마리 종이랑 비슷하니까 잘 어울릴 것 같아.'

아르테미스는 칼리오페의 그림을 함께 살펴보면서 이런저런 제안을 계속해 주었다.

"어머, 이런."

한참 후 칼리오페는 한숨을 쉬며 말을 꺼냈다.

"과자 부스러기를 사방에 흘려 버렸네."

이제 막 화살촉을 갈기 시작한 아르테미스가 칼리오페 쪽을 쓱 보더니, 어깨를 으쓱하며 대답했다.

"상관없어. 그냥 바닥에 털어도 돼. 저 녀석들이 먹어 치울 거야."

칼리오페는 아르테미스가 말한 대로 했다.

'음, 아르테미스는 깔끔 떠는 편은 아니구나. 나도 깔끔쟁이는 아니지만 아르테미스보다는 조금 나은 것 같아. 지나치게 깔끔하지도, 너무 더럽지도 않은 중간 정도?'

과자 부스러기가 바닥에 떨어지자마자 개들이 달려오더니 순식간에 먹어 치웠다. 이어 수에즈가 혹시 더 먹을 게 없는지 확인하려는 듯 침대로 훌쩍 뛰어올랐다. 덩치 큰 수에즈가 침대에 올라서니 무게 때문인지 소스 그릇과 칼리오페의 그림이 휙 튕겨 날아갔다. 바닥이 소스 범벅이 되어도 아르테미스는 눈도 깜빡하지 않았다. 개들이 신나서 바닥에 튄 소스를 핥아먹는 사이 칼리오페는 그림을 주웠다. 그런데 그림 한가운데에 소스가 튀는 바람에 얼룩이 지고 찢어져 있었다.

칼리오페는 소스를 닦아 내며 생각했다.

'음, 수요일에 이걸 제출하면 리본 선생님은 내가 뭔가를 가져왔다는 사실이 기뻐서 얼룩이 생기고 좀 찢어진 건 상관하지 않으실 거야.'

아르테미스와 룸메이트가 된다면 반려견도 함께 생활하게 될 텐데, 칼리오페는 그럭저럭 견딜 수 있을 것 같았다.

'이럴 땐 내 성격이 느긋한 게 다행이랄까?'

마음을 굳힌 칼리오페가 아르테미스에게 둘이서 파자마 파티를 하지 않겠느냐고 물으려던 그 순간, 복도에서 소란이 일어났다.

"무슨 일이 터졌나 봐!"

아르테미스가 심각한 얼굴로 활과 화살을 챙기더니 곧장 문으로 향했다. 칼리오페도 서둘러 뒤를 따랐다. 아르테미스가 문을 열자마자 사냥개들이 먼저 복도로 달려 나갔고, 동시에 복도 끝에서 지름이 25센티 정도 되는 납작한 고리 모양의 무지개가 날아왔다. 낯선 물체를 보고 넥타르가 놀라 멈칫하는 사이, 무지개 고리가 넥타르의 머리 위로 떨어지더니 목에 대롱대롱 걸렸다.

당황한 넥타르가 무지개 목걸이를 떨어내려 고개를 세차게 흔들었다. 복도 끝에 모여 있던 아이들이 그 모습을 보고서 귀엽다며 까르르 웃음을 터뜨렸다. 넥타르의 목에서 빠져나온 무지개 고리가 반짝이는 가루를 흩날리며 처음 날아온 방향으로 날아가자 세 사냥개는 신나게 그 뒤를 쫓았다.

무지개 고리는 분홍색 머리칼을 지닌 소녀 신 이리스의 두 손에 떨어졌다. 이리스는 무지개의 소녀 신답게 어떤 모양과 형태로든 무지개를 마음대로 만들어 낼 수 있었다.

"얘들아, 같이 놀자!"

아테나가 아르테미스와 칼리오페를 소리쳐 불렀다.

"이리스가 재미난 게임을 생각해 냈어. 마법 무지개 고리를 던져서 기숙사 방문에 거는 놀이야. 멀리 있는 문고리에 걸수록 높은 점수를 얻는 거지."

함께 서 있던 안테이아가 얼른 설명을 덧붙였다.

"대신 실패하면 빵점이에요."

이리스의 단짝인 안테이아는 화환의 소녀 신이라서 갈색 생머리 위에 고사리잎과 산딸기를 엮어 만든 화관을 왕관처럼 쓰고 있었다.

아르테미스는 활과 화살을 방에 도로 가져다 두고서 "삐익!" 하고 휘파람을 불어 사냥개들을 방으로 불러들였다. 그러고는 칼리오페와 함께 복도 끝에 모여 있는 아이들 곁으로 갔다. 둘이 다가오는 모습을 보더니 무리 속에 섞여 있던 암피트리테가 방긋 미소를 보냈다.

이어 암피트리테는 고개를 갸웃하며 이리스에게 물었다.

"방금 내가 던진 건 완전히 실패라고 보긴 어렵지 않아? 고리를 '뭔가에' 걸긴 걸었잖아."

그 말에 아이들이 복도가 떠나가도록 웃었다.

"그래. 심지어 움직이는 과녁이었는걸!"

아프로디테의 한마디에 아르테미스까지 맞장구를 쳤다.

"움직이는 과녁 맞히기가 얼마나 어렵다고."

칼리오페는 웃으며 생각했다.

'아르테미스가 그렇다면 그런 걸 거야. 활쏘기 시합에서 온갖 과녁을 다 맞혀 봤을 테니까. 암피트리테가 넥타르의 목에 고리를 건 건 우연이었겠지만, 그래도 놀라운 일은 놀라운 일이야.'

성격 좋은 이리스가 기운차게 대답했다.

"좋아요. 그럼 20점. 다음은 누가 던질래요?"

"내가 해 볼까?"

판도라가 손을 내밀었다. 금발 머리를 올림포스 학교 상징색인 파란색으로 가닥가닥 염색한 판도라는 모든 말을 질문처럼 하는 습관이 있었다. 그만큼 늘 호기심이 넘치는 판도라의 앞머리는 물음표 모양으로 꼬여 있었다.

이리스가 무지개 고리를 건네주자마자 판도라는 실수로 고리를 수직으로 날려 버렸다.

"어머나?"

무지개 고리가 천장에 "탕!" 부딪히더니 바로 튕겨 나와 그 아래에 서 있던 메두사의 머리 위로 떨어졌다. 무지개 고리가 열두 마리 뱀에게 걸렸다. 메두사의 머리 위에 알록달록한 왕관이 씌워진 것 같았다.

"미안해. 아무래도 내 조준 솜씨가 별로인가 봐?"

판도라의 사과에 메두사가 씁쓸하게 웃으며 대꾸했다.

"몰랐어?"

다행히도 무지개 고리는 빛으로 이루어져서 무게가 없기 때문에 아무도 나치지 않았다. 메두사의 뱀들은 몸을 꿈틀대며 금방 고리에서 빼냈고, 무지개 고리는 이리스의 손으로 되돌아왔다.

다음은 아르테미스가 나섰다. 아르테미스는 궁수의 날카로운 눈으로 목표물을 신중하게 조준했다. 아르테미스의 손을 떠난 무지개 고리는 허공을 가로질러 날아가더니 칼리오페 방의 문고리에 정확하게 걸렸다.

"명중이오!"

칼리오페가 소리치자 아이들도 환성을 질렀다. 과녁의 정중

앙을 맞힌 건 아니지만, 그에 견줄 만한 일이었고 아르테미스도 기분이 좋은 듯했다.

"아르테미스 언니가 50점을 얻으면서 선두가 됐어요!"

그 뒤로 몇 명이 더 무지개 고리를 던졌다. 둘은 점수를 전혀 얻지 못했고, 다른 둘은 복도 중간 즈음에 있는 방의 문고리를 맞춰서 각각 20점을 얻었다.

마침내 칼리오페도 자신의 운을 시험해 보기로 마음먹었다. 그런데 칼리오페가 무지개 고리를 던지려고 팔을 뒤로 젖힌 순간, 고리가 손에서 미끄러지면서 바닥에 툭 떨어져 버렸다.

"어머, 망했어!"

칼리오페는 당황해서 소리치다가 이내 이리스를 쳐다보며 방실방실 웃었다.

"설마 마이너스 점수 같은 게 있는 건 아니지?"

아이들이 다시 너털웃음을 터뜨렸다. 성격 좋은 이리스는 다시 무지개 고리를 내밀었다.

"방금 건 무효로 해 줄게요. 다시 던져요."

이번에는 칼리오페의 손을 떠난 고리가 복도 3분의 2 이상을 날아가더니 어느 방 문고리에 정확히 걸렸다.

"오예!"

칼리오페가 환호했다. 이리스가 "30점!" 하고 외쳤다.

칼리오페는 진심으로 즐거웠다.

'애들이랑 함께 웃고 떠들고 노니까 나도 이 무리의 일원이 된 것 같아. 고향에서 언니들과 함께 지낼 때 같은 느낌이야.'

모든 아이가 돌아가며 세 번 더 고리를 던진 뒤에야 게임이 끝났다. 이리스가 자신은 무지개를 자유자재로 다루는 능력을 지녔으니 기권하겠다고 말했다. 그렇게 1등 자리는 자연스럽게 아르테미스에게 돌아갔다. 칼리오페는 자신의 룸메이트 후보를 바라보며 감탄을 터뜨렸다.

'우아, 아르테미스는 정말 운동이라면 못하는 종목이 없구나. 나도 중간은 했으니, 결과에 충분히 만족해.'

칼리오페는 아르테미스를 따라 기분 좋게 방으로 다시 돌아왔다. 그런데 둘이 방에 들어서자, 사냥개들이 반갑게 달려오지 않고 꼬리를 만 채 뒤로 슬금슬금 물러나는 게 아닌가?

"어라?"

아르테미스의 표정이 어두워졌다.

"이건 녀석들이 야단맞을 짓을 했을 때 나오는 행동인데. 너희들 무슨 사고를 친 거니?"

아르테미스와 칼리오페는 서둘러 방을 휘휘 살폈다.

"세상에!"

칼리오페의 눈에 텅 빈 과자 봉지와 소스 그릇이 들어왔다. 사냥개들이 바닥까지 싹싹 핥아 먹은 모양이었다. 그뿐만이 아니었다.

'이런! 이 녀석들이 과자만 해치운 게 아니라 내 그림도 씹어서 휴지 조각으로 만들어 놨어!'

"어떡해!"

아르테미스가 당황해서 소리쳤다.

"정말 미안해! 네 그림에 묻은 소스 냄새 때문에 음식인 줄 착각했나 봐."

세 사냥개는 아르테미스가 대신 사과하는 걸 알아차린 듯, 고개를 푹 숙인 채 두 아이의 눈길을 피했다.

"괜찮아."

칼리오페는 다정하게 대답했다.

"그림은 내일 다시 그리면 돼."

칼리오페가 화를 내지 않을 거란 걸 깨달았는지 세 사냥개들은 꼬리를 살랑살랑 흔들기 시작했다. 칼리오페는 바닥에 무릎을 꿇고 앉아 사냥개들과 눈을 마주치며 빙그레 웃었다. 그러자 개들은 마음이 놓였는지 칼리오페에게 달려들더니 얼굴과

손을 정신없이 핥았다. 칼리오페는 수에즈의 머리를 쓰다듬어 주고, 넥타르의 귀를 긁어 주고, 앰비의 배를 어루만져 주었다.

"그래, 그래. 용서해 줄게."

칼리오페는 "풋." 하고 웃으며 생각했다.

'다정하고 귀여운 녀석들이지만, 파괴 왕 사냥개 세 마리와 함께 산다는 건 생각보다 쉬운 일은 아니겠어.'

설사 아르테미스가 룸메이트 제안을 진지하게 고려해 보겠다고 할지라도 이제는 칼리오페가 물어볼 마음이 없었다.

'휴. 아르테미스와 반려견은 후보에서 제외야.'

결국 룸메이트 문제는 원점으로 되돌아가고 말았다. 게다가 숙제도 다시 해야 했다.

'아르테미스 덕분에 주제는 정했잖아.'

하지만 이제 도서관 아이디어도 처음만큼 매력적으로 느껴지지 않았다.

'괜찮아. 도서관이 구름 전차 경기장보다는 훨씬 현실적인 아이디어인걸!'

칼리오페는 다시 한번 개들을 차례대로 쓰다듬어 주고서 아르테미스에게 작별 인사를 건넸다.

9 새로운 관점

월요일 아침, 영웅학 보드게임 판의 조각상이 소리 소문도 없이 돌아왔다는 소식에 온 학교가 들썩댔다. 칼리오페의 예상대로 키클롭스 선생님은 수업을 준비하러 아침 일찍 교실에 왔다가 곧바로 책상 위에 놓인 가방을 발견했다. 칼리오페는 조각상이 무사히 돌아온 데에 자신도 한몫했다 말하고 싶었지만 입을 꾹 다물었다. 아무래도 극장 좌석 밑에서 조각상을 발견했다는 호메로스의 이야기가 미심쩍었기 때문이다.

'호메로스는 도둑의 정체를 알고 있는 것 같아. 누구길래 감싸려는 거지? 올림포스 학교 학생인가? 설마 선생님?'

월요일 마지막 수업을 들으러 건축학 교실로 들어서자마자 칼리오페는 곧장 리본 선생님 자리로 갔다.

"선생님, 저 도서관을 설계하기로 했어요."

"도서관 좋지! 이제 방향을 잡았다니 기쁘구나. 제출 마감일이 이틀 남았으니 더더욱 잘됐고 말이야."

리본 선생님이 덧붙인 말에 칼리오페는 움찔했다.

"간단한 설계도도 그렸어요."

칼리오페는 일요일에 다시 그린 설계도를 가방에서 꺼내어 리본 선생님께 건넸다. 첫 번째 설계도는 사냥개들의 간식이 되어 버렸다는 이야기를 듣더니 리본 선생님은 껄껄 웃으며 말했다.

"개가 숙제를 먹어 버렸다는 말이 핑계가 아니라 실제로 일어나기도 하는구나."

칼리오페도 웃으며 고개를 끄덕였다.

"그러게 말이에요."

"어쨌든 수고했다, 칼리오페. 선생님이 살펴보고 수업 끝날 때 돌려줄게."

"고맙습니다."

곧바로 수업 시작을 알리는 리라 종이 울렸다. 칼리오페는 얼른 자리를 잡고 앉았다.

리본 선생님이 자리에서 일어나자 책상에 놓인 건축물 모형 몇 개가 바닥으로 투두둑 떨어졌다. 그러나 리본 선생님은 신경 쓰지 않고 바로 수업을 시작했다.

"주말 동안 여러분의 여러 건축물 과제에 대해서 좀 더 생각해 보았단다. 전체적으로 다들 잘했어."

리본 선생님은 잠시 학생들을 둘러보며 눈을 맞추더니 말을 이었다.

"하지만 아직 선생님 기대에는 못 미치는구나."

반 전체에서 한숨이 쏟아져 나왔다. 당황한 학생들은 걱정 어린 눈빛을 주고받았다.

'무슨 말씀이시지?'

칼리오페도 불안하긴 마찬가지였다.

리본 선생님이 진지한 표정으로 이야기를 이어 갔다.

"이미 존재하는 디자인 요소를 가져와서 쓰는 건 괜찮은데, 그 위에 뭔가 새롭거나 색다른 면을 더하면 좋겠어. 예를 들면, 도리아식 기둥이 이오니아식 기둥으로 발전하고 다시 코린트식 기둥으로 발전했잖아? 간단한 형태에서 점점 복잡한 모양으로 바뀌었지. 뭔가 새로운 면이 더해진 거야."

리본 선생님의 설명에 칼리오페는 내심 뜨끔했다.

'내 도서관 디자인에 특별히 새로운 면이 있다고 말할 수 있을까? 솔직히 아니야. 도서관 외부를 신전처럼 보이게 설계하긴 했지만, 신전처럼 보이는 건물은 많잖아. 내부의 서가는 여느 도서관이랑 그다지 다를 게 없고.'

"어떤 사물을 *새로운 관점*에서 바라보려면 혼자 생각하는 것보다 여럿이 함께 생각을 나누는 게 좋단다."

리본 선생님의 설명을 듣더니 포세이돈이 농담을 던졌다.

"히드라 선생님은 머리가 아홉이니까 필요하면 얼마든지 새로운 관점을 얻을 수 있겠네요."

교실 여기저기서 키득대는 소리가 흘러나왔지만, 리본 선생님은 화를 내지 않고 빙그레 웃었다. 그러고는 학생들에게 네다섯 명씩 모여서 총 다섯 조를 짜라고 지시했다.

"자, 여러분. 돌아가면서 서로의 디자인에 대해 질문을 던지고, 각자의 디자인이 더 좋아질 수 있도록 아이디어를 내어 보도록. 창의성을 발휘하고 열린 마음으로 접근하는 거야. 계속 생각해 보는 거지. '만약에?'라고 말이야."

칼리오페는 "끙." 하는 소리가 저절로 났다.

'아, 만약에 선생님이 숙제를 더 복잡하게 만들기로 마음먹지 않으셨더라면 얼마나 좋았을까요?'

세 번째 조에 들어가게 된 칼리오페는 의자를 들고서 교실 뒤쪽에 모여 있는 같은 조 아이들 곁으로 옮겨 갔다. 포세이돈, 암피트리테, 디오니소스가 같은 조였다.

늘 그렇듯이 칼리오페는 다른 아이들의 숙제에 대해 온갖 좋은 아이디어를 쏟아 냈다. 암피트리테의 바닷속 정원, 디오니소스의 극장, 포세이돈의 새 물놀이 공원에 대해 의견을 주고받았지만, 칼리오페의 도서관에 대해서는 이야기를 나누지 못했다. 그 전에 수업 종료 종이 울렸기 때문이다.

"어머, 우리 숙제 얘기하느라 시간을 다 써 버렸네."

암피트리테가 진심으로 미안해하며 말했다.

"넌 전혀 의견을 듣지 못했으니 어쩌지? 하긴, 넌 뮤즈니까 남의 도움은 필요하지 않을 수도 있겠다. 멋진 아이디어가 다 쓸 수도 없을 만큼 넘쳐 날 테니까."

칼리오페는 암피트리테의 말을 곱씹어 보았다.

'다 쓸 수 없을 만큼 아이디어가 넘친다? 암피트리테는 아이디어가 많은 게 꼭 좋은 일만은 아니라는 걸 모르는구나. 그나마 내가 받아들일 수 있는 아이디어를 아르테미스가 주었기 망정이지, 안 그럼 어쩔 뻔했어. 물론 그것도 리본 선생님이 바라는 참신한 아이디어는 아니지만 말이야.'

의자를 원래대로 돌려놓기 위해 자리에서 일어난 칼리오페가 나머지 조원들을 안심시켰다.

"애들아, 난 괜찮아."

암피트리테는 칼리오페와 함께 의자를 옮기면서 계속 안타까워했다.

"아니야. 괜찮지 않아."

칼리오페는 한 가지 사실을 깨달았다.

'잠깐. 이건 암피트리테가 룸메이트감인지 아닌지, 우리 둘만 있을 때 얼마나 잘 지낼 수 있는지 확인해 볼 황금 같은 기회잖아. 이걸 놓치고 있었네!'

칼리오페는 서둘러 말을 꺼냈다.

"음, 내 숙제에 대해 의견을 나눌 수 있으면 나야 좋지. 혹시 오늘 저녁 먹고 별다른 일 없으면 만날래?"

암피트리테가 의자를 책상 안으로 밀어 넣으며 대답했다.

"아, 미안. 오늘 저녁은 좀 바빠. 포세이돈이 물놀이 공원을 보여 주겠다고 했어. 난 여기 올림포스 학교에 내가 밤에 들어가서 잘 수 있는 분수를 만들고 싶거든. 그래서 포세이돈의 물놀이 공원에서 아이디어를 얻어 볼까 해."

암피트리테는 잠시 생각하더니 얼른 말을 덧붙였다.

"지금 바로 얘기할 시간은 되는데……."

칼리오페는 고개를 가로저으며 암피트리페의 말을 잘랐다.

"오늘 오후에는 불멸 쇼핑센터에서 언니랑 만나 쇼핑하기로 약속했어."

암피트리테와 룸메이트가 되기는 애당초 물 건너간 듯했다.

'같이 분수에서 지낼 수는 없잖아! 얘는 물속에서도 숨 쉴 수 있지만, 난 무슨 수로 거기서 자냐고?'

암피트리테는 밝게 대답했다.

"어머, 재미있겠다. 그래도 네 숙제에 대해 이야기를 못 나눈 건 미안……."

바로 그때 포세이돈이 교실 문에서 손짓하며 암피트리테를 불렀다.

"이제 갈까?"

"미안. 그만 가 봐야 할 것 같아. 내일 꼭 더 이야기해 보자, 알겠지?"

암피트리테는 진주를 엮어 만든 가방을 들고서 서둘러 교실을 떠났다.

칼리오페는 교실을 나서려다가 도서관 설계도를 받으려고 리본 선생님 자리에 들렀다. 리본 선생님은 싱글싱글 웃으며 설계도를 내밀었다.

"천 리 길도 한 걸음부터니까."

칼리오페는 설계도를 가방에 챙겨 넣으며 대답했다.

"네. 아직 갈 길이 멀었다는 거 저도 알아요."

교실을 나온 칼리오페는 사물함 쪽으로 걸어가며 생각에 잠겼다.

'휴, 지금 내가 불멸 쇼핑센터에 갈 때가 아닌데. 방에 가서 숙제하는 게 맞는데.'

하지만 칼리오페는 테르프시코레와의 약속을 목 빠지게 기다리고 있었다.

'어떻게 맨날 숙제 걱정만 하고 있어! 이따 밤에 새로운 관점으로 다시 들여다보면 될 거야.'

칼리오페는 현관 로비로 가서 신고 있던 샌들을 벗고, 문간에 놓인 바구니에서 공용 날개 샌들 한 켤레를 챙겨 밖으로 나왔다. 그러고는 안뜰로 이어지는 계단 꼭대기에서 날개 샌들을 신었다. 샌들에 발을 밀어 넣자마자 신발 끈이 발목을 휘감고 뒤꿈치에 달린 은색 날개가 파닥이기 시작했다. 곧이어 몸이 바닥에서 10센티 정도 붕 떠올랐다. 칼리오페는 불멸 쇼핑센터를 향해 쌩하고 달려 나갔다.

불멸 쇼핑센터는 올림포스산과 인간 세상 중간 즈음에 자리 잡고 있었다. 귓가를 스치는 세찬 바람을 느끼며 달린 지 몇 분 지나지 않아 쇼핑센터 정문이 보였다. 칼리오페는 보통 속도로 걸을 수 있도록 발목을 감은 끈을 풀어서 은색 날개에 감았다.

불멸 쇼핑센터는 높고 아름다운 크리스털 지붕이 인상적인 호화로운 곳이었다. 거대한 기둥 사이에 줄지어 자리한 가게들은 최근 유행하는 옷부터 삼지창, 번개 등 다양한 상품을 팔고 있었다.

칼리오페는 안뜰에 들어서자마자 언니를 알아보았다. 테르프시코레는 공연이 없을 때면 거의 늘 하늘하늘한 분홍색 무용복 키톤 차림에 무용화를 신고 있었다. 쇼핑센터 안뜰을 빙글빙글 돌며 춤추고 있던 테르프시코레가 동생을 발견하고서 "꺅!" 소리를 지르더니 살랑살랑 춤추며 다가와서 동생을 끌어안았다.

두 자매는 안뜰을 떠나 본격적으로 쇼핑을 시작했다.

"언니, 어제 공연은 잘 했어?"

"응."

테르프시코레는 방실방실 웃으며 덧붙였다.

"넘어지거나 무대에서 떨어지지 않았으니 됐지, 뭐."

"에이!"

칼리오페는 절대로 그럴 리 없다는 걸 잘 알고 있었다. 《주간 그리스 뉴스》를 비롯한 모든 언론은 테르프시코레의 춤이 나무랄 데 없이 훌륭하다며 칭찬하기 바빴다.

"여기 잠깐 들르자."

테르프시코레가 클레오의 화장품 가게 앞에 멈춰 섰다.

"립글로스를 새로 사야 하거든."

"응. 파마가 그러는데 여기서 마침 할인 행사 하고 있대."

클레오는 화장품 가게 주인답게 보라색 머리카락부터 이마에 달린 세 개의 눈까지 늘 멋지게 단장하고 있는데, 마침 자리를 비운 모양이었다. 두 자매는 곧장 가게 진열대 위에 놓여 있는 아름다운 여신상 쪽으로 걸어갔다. 가슴 부분까지만 조각된 여신상 주변에는 스킨, 로션이며 아이섀도 세트, 아이라이너, 크림, 블러셔 등 온갖 화장품이 가득했다.

"필요한 거 있어요?"

여신상 아니랄까 봐 어쩐지 말투가 오만했다. 테르프시코레는 연분홍 립글로스를 가리키며 대답했다.

"네, 저거 하나 주세요."

"그러죠. 다른 건 필요 없나요?"

여신상의 물음에 칼리오페가 문득 입을 열었다.

"아, 언니랑 저랑 메이크업 서비스를 받아 보고 싶어요."

그 말에 테르프시코레가 칼리오페를 빤히 쳐다보더니 알겠다는 듯 두 눈을 반짝이며 말했다.

"혹시 멋져 보이고 싶은 상대라도 생긴 거야?"

이번에는 칼리오페가 눈을 동그랗게 떴다.

'언니가 어지간히 놀랐나 보네. 하긴, 난 화장에 별로 관심이 없었으니까.'

칼리오페는 씩 웃으며 대답했다.

"응. 내가 다 컸다는 걸 언니들한테 보여 주고 싶어서 그래."

칼리오페는 생각했다.

'화장하면 나도 더 어른처럼 보이겠지? 어린 막내가 아니라!'

"그래애애."

테르프시코레의 얼굴에 재미있다는 표정과 못 믿겠다는 표정이 동시에 떠올랐다.

'언니가 무슨 생각을 하는 거지? 난 그냥 한번 해 보고 싶어서 얘기한 것뿐인데.'

두 뮤즈 자매가 푹신한 의자에 자리를 잡고 앉았다. 그러자 진열대 위에 놓여 있던 수많은 상자와 병이 저절로 "탁!" 하고 열렸다. 이어 상자 속에서 다양한 크기의 메이크업 브러시 여섯 자루가 튀어 오르더니 셋은 칼리오페에게, 셋은 테르프시코레에게 날아갔다. 브러시 여섯 자루는 어떤 컨셉으로 메이크업을 해 줄지 고민하는 듯 두 자매 앞에 한참을 떠 있었다.

이윽고 칼리오페 쪽 브러시들이 진열대 위로 다시 날아가더니 각종 화장품에 붓털을 담갔다. 그중 브러시 하나가 먼저 돌아와 칼리오페의 눈두덩이에 반짝이는 금빛 아이섀도를 바르기 시작했다. 다른 브러시는 콧날에 연분홍빛 하이라이터를 톡톡 발랐다. 붓털이 코끝을 간질이자 칼리오페는 "에취!" 하고 재채기를 했다. 놀란 브러시가 후다닥 뒤로 물러섰다.

"어머, 미안!"

칼리오페가 미안해하는 모습을 보고 테르프시코레는 "풋." 하고 웃음을 터뜨렸다.

"참, 음악 축제 때 보니까 새 친구들이 몇 명 생긴 것 같더라?"

테르프시코레가 넌지시 이야기를 꺼내는 사이, 또 다른 브러시들이 테르프시코레의 눈두덩이에 파란색 아이섀도를 바르기 시작했다.

"응. 올림포스 학교 여자애들은 정말 대단해."

세 번째 브러시가 분홍색 블러셔를 발라 주는 틈에 칼리오페

는 잠시 입을 다물었다.

'테르프시코레 언니는 내가 올림포스 학교에 들어간 걸 자랑스럽게 여기잖아. 그런데 언니들이 너무 그립고 외로워서 못 견디겠다고, 룸메이트가 절실히 필요하다는 말을 어떻게 해.'

"수업은 잘 따라가고 있어?"

테르프시코레가 학교생활에 대해 슬그머니 물었다.

"건축학 숙제로 도서관을 설계하고 있어."

칼리오페는 대답을 하자마자 후회했다.

'앗, 이 얘기는 할 생각이 없었는데. 걱정이 들어서 나도 모르게 꺼내 버렸네.'

"진지한 학자들을 위해 마련된 특별한 도서관이야."

칼리오페는 머릿속에 떠오르는 대로 설명을 덧붙였다.

"과학, 역사, 예술 분야의 최신 정보를 담은 두루마리 책을 싹 모아 두는 거지."

"아, 이집트 알렉산드리아의 박물관 같은 곳이구나?"

테르프시코레의 대답에 칼리오페는 순간 어리벙벙해서 눈만 끔벅였다.

"응. 그…… 비슷해."

솔직히 칼리오페는 전혀 그 생각을 하지 못했었다.

'언니 말을 듣고 보니 좀 비슷하네. 아니, 너무 비슷한가?'

칼리오페는 마음이 무거워졌다.

이런 칼리오페의 걱정을 모르는 테르프시코레는 웃으며 말했다.

"그 박물관 지은 사람들이 했던 말, 기억나? 그곳이 우리 뮤즈한테 완벽한 집이 될 거라고 했지. 그래서 영어로 박물관을 '뮤즈의 거처'라는 뜻인 뮤지엄(MUSEum)이라고 부르잖아."

칼리오페는 기억을 떠올리고서 언니에게 웃음으로 답했다. 산호색 립글로스 팁이 열심히 색을 바르다가 칼리오페가 입술을 움직이자 뒤로 물러나 주었다.

"기억나. 누가 들으면 우리가 어디 다른 곳에 보내 달라고, 제발 집 좀 지어 달라고 부탁한 줄 알았을 거야. 우리는 아름다운 헬리콘 산자락의 집에서 잘 지내고 있었는데 말이야!"

"거참!"

진열대 위의 여신상이 짜증스럽게 한마디했다.

"우리 메이크업 아티스트들이 일할 수 있게 협조 좀 하세요!"

두 뮤즈 자매는 터져 나오려는 웃음을 꾹 참으며 남은 시간 동안 잠잠히 메이크업 서비스를 받았다.

화장이 끝나자 테르프시코레는 동생한테 사용한 화장품들을 사 주겠다고 고집을 피웠다. 그중에도 특히 산호색 립글로스가 빨간 머리칼을 지닌 칼리오페에게 정말 잘 어울린다며 꼭 사 주고 싶다고 했다.

그렇게 쇼핑을 끝내고 가게를 나섰을 때, 두 자매는 아프로디테와 마주쳤다. 아프로디테는 새로 산 옷이 가득 든 듯한 커다란 쇼핑백을 두 개나 들고 있었다.

"어머, 칼리오페! 진짜 예쁘다!"

아프로디테가 칼리오페를 보며 탄성을 터뜨렸다.

"고마워."

칼리오페는 정말로 기분이 좋았다. 패션과 메이크업에 있어선 따라갈 자가 없는 아프로디테가 칭찬을 해 수다니!

'아프로디테는 사랑과 미의 소녀 신이니까 짝사랑에 대해서도 잘 알겠지? 룸메이트가 사랑과 미의 소녀 신이라면 여러 가지 조언을 얻을 수 있어서 좋을 거야.'

칼리오페는 아프로디테와 테르프시코레를 서로에게 소개했다. 그렇게 두 뮤즈 자매는 아프로디테와 나란히 걷게 되었다.

"아프로디테, 내가 가방 좀 들어 줄까?"

칼리오페의 말에 아프로디테는 어여쁜 두 눈을 반짝이며 장난스럽게 대답했다.

"아니, 괜찮아. 내가 팔 힘 하나는 끝내주거든. 쇼핑백을 하도 들고 다녀서 말이야. 나한텐 쇼핑이 취미고, 운동이랄까?"

듣고 있던 테르프시코레가 고개를 갸웃하며 물었다.

"기숙사 방에 그 많은 옷을 다 둘 자리가 있니?"

"좋은 질문이에요! 제 방에 있는 옷장 두 개는 이미 다 꽉 찼고요. 아르테미스 방에 남는 옷장을 하나 빌려 쓰는데, 거기도 다 찼어요. 아무래도 안 쓰는 책상을 빼고 옷장이나 서랍장을 더 마련해야 할 것 같아요!"

밝게 웃으니 아프로디테의 아름다운 모습이 한층 더 빛났다. 이미 완벽하게 어여쁜데, 어떻게 더 예뻐질 수 있는지 신기한 일이었다.

'흐으음.'

칼리오페는 생각에 잠겼다.

'아프로디테 방에는 함께 쓸 공간이 없겠는걸. 옷이 한 벌도 없는 사람이라면 모를까. 아프로디테만큼은 아니지만 나도 옷은 꽤 가지고 있는데. 아프로디테를 룸메이트 후보에서 제외해야 하나?'

그러나 칼리오페는 아프로디테가 좋았다.

'아! 방 전체를 옷장으로 만들고 아프로디테는 내 방에서 같

이 지내면 되지 않을까? 흠, 이거야말로 새로운 관점을 적용한 아이디어인데?'

칼리오페가 룸메이트 이야기를 꺼내려는 순간, 아프로디테가 먼저 말했다.

"아르테미스가 남는 옷장을 쓰게 해 줘서 얼마나 고마운지. 때론 그 방에 둔 옷에 개털이 붙어 있긴 하지만 어쩌겠어."

아프로디테는 테르프시코레에게 눈길을 돌리며 말했다.

"제 친구 페르세포네랑 전 아도니스라는 고양이를 함께 길러요. 고양이도 털이 많이 날리지만, 빗질을 열심히 해 주면 방에 털이 뭉쳐서 굴러다닐 정도는 아니거든요. 전 어지러운 건 못 참는 성격이라서요. 제가 지나친 깔끔쟁이라는 거 저도 인정해요. 하하."

아프로디테 양옆에 서 있던 두 뮤즈 자매는 짐짓 눈길을 주고받으며 씩 웃었다. 둘의 표정을 본 아프로디테가 눈을 동그랗게 뜨며 물었다.

"왜요? 왜? 뭔데, 뭔데?"

테르프시코레가 방글방글 웃으며 대답했다.

"우리 자매는 아홉 명이나 되니까 방을 나눠 썼거든. 그런데 아홉 명 모두 각자의 방식으로 방을 좀 어지르는 편이었어. 난 주로 무용복이나 무용화를 아무 데나 늘어놓았지.”

칼리오페가 설명을 더했다.

"게을러빠진 건 아니지만, 그렇다고 깔끔한 편이라고 할 수도 없었지.”

아프로디테는 밝게 웃으며 대답했다.

"무슨 말인지 알겠어.”

그러다 셋은 어느 멋진 가게 앞에 멈춰 서서 진열장을 구경하기 시작했다. 잠시도 가만히 있는 법이 없는 테르프시코레는 그 틈에도 몸을 쭉쭉 뻗으며 스트레칭을 했다.

칼리오페는 테르프시코레가 등허리를 쭉쭉 늘리는 모습을 가만히 바라보며 혼자 생각에 잠겼다.

'난 먼지 한 톨 없이 깨끗하게 지낼 자신 없는데. 하지만 아프로디테는 룸메이트가 자신과 비슷한 수준이길 바라겠지?'

칼리오페는 나직이 한숨을 쉬며 룸메이트 후보 목록에서 아프로디테를 지웠다.

'나도 반려동물 입양을 진지하게 고려해 봐야 하나? 이대로 가다간 룸메이트가 생길 가능성이 거의 없을 것 같은데.'

기숙사에서 반려동물을 키우려면 교장 선생님한테 따로 허락을 받아야 했다.

'난 이제 막 전학 온 학생인데, 교장 선생님이 그런 특별 요청을 받아들여 줄까? 사실, 여쭤볼 엄두도 안 나.'

"어머, 저 옷 정말 예쁘다!"

아프로디테가 분홍색 비단 장식을 덧댄 하얀 키톤을 가리키며 감탄을 터뜨렸다. 테르프시코레도 고개를 끄덕였다.

"우아, 그러네! 아프로디테 너한테 아주 잘 어울릴 것 같아."

갑자기 아프로디테가 가방 하나를 내려놓더니 더 잘 들으려는 듯 귀에 손을 가져다 대고서 진열장 쪽으로 고개를 내밀었다.

"뭐라고?"

이어 아프로디테는 눈을 동그랗게 뜨고 칼리오페와 테르프시코레를 바라보며 말했다.

"세상에, 저 옷이 내 이름을 부르고 있어."

아프로디테는 까르르 웃으며 가방을 다시 집어 들더니, 가게 쪽으로 한 걸음 다가섰다.

"칼리오페, 테르프시코레 언니, 같이 들어가 볼래요?"

그 순간, 테르프시코레의 배에서 "꼬르륵." 소리가 울려 퍼졌다. 테르프시코레는 배를 문지르며 쑥스러운 듯이 웃었다.

"난 뭘 좀 먹어야 할 것 같아."

두 뮤즈 자매와 아프로디테는 한바탕 웃고서 인사를 나눈 뒤

각자 갈 길을 갔다.

곧바로 칼리오페와 테르프시코레는 쇼핑센터 안뜰 건너편, 대형 회전목마 옆에 자리한 오라클 오 제과 서점으로 향했다. 높이가 6미터에, 탈 수 있는 동물 모형이 세 줄이나 겹겹이 설치된 대형 회전목마는 칼리오페가 전학 오기 전 올림포스 학교 학생들이 힘을 합쳐 만든 시설이었다.

"아, 쿠키 향기 좋다. 간식으로 쿠키만 한 게 없지. 너도 같이 들어갈래?"

테르프시코레가 묻자 칼리오페는 고개를 끄덕였다.

"응. 나도 출출하던 참이야."

두 자매가 가게 안으로 걸어 들어갔다. 아니, 정확히 말하자면 칼리오페는 걸었고 테르프시코레는 춤을 추며 들어갔다. 카산드라가 계산대 뒤에서 반갑게 두 자매를 맞았다.

"어머, 가게가 더 커졌네요!"

테르프시코레는 빙글빙글 돌며 카산드라에게 다가갔다.

"네."

트로이의 공주 출신이며 아폴론의 여자 친구기도 한 카산드라가 방긋 웃으며 대답했다.

"손님들께 더 다양한 상품을 선보여 드리기로 했거든요. 이제 쿠키 말고 다른 디저트도 팔아요. 간식을 드시는 동안 읽을 거리가 있으면 좋을 것 같아서 제과점과 서점을 아예 합쳤어요. 이쪽은 제과점 코너이고, 저쪽으로 가면 두루마리 책을 팔아요."

카산드라는 가게 한쪽에 마련된 출입구를 가리켰다. 문이 없어 손님들이 편하게 드나들 수 있는 출입구 너머로 두루마리 책이 가득 꽂힌 책 선반이 보였다.

테르프시코레가 환성을 터뜨리며 말했다.

"오, 좋네요! 몸의 양식과 영혼의 양식을 한 번에 즐길 수 있다니!"

카산드라는 가게 이름이 찍힌 봉투를 들더니 계산대 너머로 고개를 내밀며 물었다.

"주문받아 드릴까요?"

테르프시코레는 기다렸다는 듯이 분홍색 크림과 빨간 설탕 가루로 장식된 컵케이크를 가리켰다.

"이거 하나. 여기서 바로 먹을게요."

"네. 바로 준비해 드릴게요."

테르프시코레는 컵케이크를 받아서 한 입 베어 물더니 "음! 맛있어!" 하면서 탄성을 터뜨렸다.

이어 카산드라가 칼리오페를 바라보며 물었다.

"손님은요?"

칼리오페는 인상을 찌푸리며 대답했다.

"모르겠어요. 결정을 못 하겠네요."

진열장 안에 가득한 쿠키며 온갖 케이크, 컵케이크, 파이를 보고 있으니 입에 침이 가득 고였다. 그런데 건축학 숙제처럼 선택의 여지가 크면 클수록 결정을 내리기가 더 어려웠다.

결국 칼리오페는 한결같이 좋아하는 초콜릿 칩 쿠키를 한 봉지 샀다. 카산드라네 가게에서 올림포스 학교 식당으로 매일 보내는 오라클 쿠키는 한 입 베어 물면 쿠키가 말을 하지만, 매장에서 파는 쿠키는 안에 예언 쪽지가 들어 있었다.

두 자매는 달콤한 간식을 들고서 서점 코너로 향했다. 그리고 곧 칼리오페는 너무 놀라서 들고 있던 쿠키 봉지를 떨어뜨릴 뻔했다. 서점에 마련된 탁자에 호메로스가 앉아 있었다! 호메로스는 아마도 팬인 듯한 소년의 두루마리 책에 사인을 해 주느라 뮤즈 자매가 들어온 걸 알아차리지 못했다. 그리고 보니 호메로스 뒤쪽 벽에 '작가 사인회'라는 안내문이 걸려 있었다.

"어머, 호메로스 아냐?"

테르프시코레가 칼리오페를 툭 치며 말했다.

"너도 저 애 알지? 저 애가 《오디세이아》를 쓸 동안 너랑 가깝게 지내지 않았니? 지난 토요일 음악 축제 때도 둘이 이야기 나누더라?"

칼리오페는 순간 짜증이 치밀었다.

'어휴, 언니들은 하여간 내가 누굴 만나는지 관심이 많다니까! 그래도 테르프시코레 언니니까 넘어가자.'

"호메로스는 어떤 애야?"

테르프시코레가 다시 컵케이크를 베어 먹고서 물었다.

호메로스가 자신의 공로를 전혀 밝히지 않아 단단히 화가 났던 게 고작 이틀 전이었다. 하지만 어느새 그 사건을 잊어버린 칼리오페는 꿈꾸는 듯한 목소리로 대답했다.

"대단하지."

"짝사랑할 만큼 대단해?"

테르프시코레가 놀리듯 묻자 칼리오페의 얼굴이 발갛게 달아올랐다. 동생의 반응을 본 테르프시코레가 씩 웃더니 화장품 가방을 흔들며 말했다.

"아하, 어쩐지 이런 데 갑자기 관심을 보이더라! 막내야, 넌 뛰어 봐야 이 언니 손바닥 안이야."

"참 나!"

칼리오페의 얼굴이 더 새빨개졌다.

호메로스의 팬이 사인을 받고 떠나려 하자 칼리오페는 얼른 가까운 서가 뒤로 몸을 숨기고서 언니를 끌어당겼다. 그곳이라면 호메로스는 두 자매를 못 보지만, 둘은 호메로스를 관찰할 수 있을 듯했다.

칼리오페가 서가 사이로 호메로스를 살피는 동안 테르프시코레는 컵케이크를 먹어 치우더니 두 다리를 우아하게 구부리는 무용 동작인 플리에를 하며 말했다.

"너 저 애를 정말 좋아하는구나. 너무 티가 나는데?"

칼리오페는 싱글거리며 웃는 테르프시코레에게 조용히 하라는 신호를 보냈다.

"쉿!"

"그냥 가서 쿠키 먹겠냐고 물어봐."

칼리오페는 어이없다는 듯이 눈을 빙글 굴리며 대꾸했다.

"쿠키 안에 든 예언을 내 맘대로 바꿀 수 있으면 그럴게. '당신은 칼리오페를 좋아하게 됩니다.' 정도면 되겠네."

칼리오페는 자기 농담이 재밌어서, 테르프시코레는 그런 동생이 어이없고 귀여워서 조용히 키득키득 웃었다.

"어서 가 봐!"

팬이 자리를 뜨자 테르프시코레는 칼리오페의 어깨를 살포시 밀었다.

"난 저쪽에 가서 카산드라랑 수다 떨고 있을게."

"알았어."

테르프시코레가 자리를 뜨자 칼리오페는 슬며시 서가 밖으로 나왔다.

"칼리오페!"

호메로스가 칼리오페를 보더니 대뜸 소리쳤다.

"내 사인회에 와 주다니 고마워."

호메로스의 표정이 너무 행복해 보여서, 칼리오페는 사실 사인회가 있는 줄 모른 채 우연히 들른 것뿐이라는 말을 꾹 삼켰다. 대신 칼리오페는 이렇게 대답했다.

"쿠키 먹을래?"

칼리오페가 봉지에서 쿠키 하나를 꺼내어 내밀었을 때, 쿠키 가장자리가 부서지더니 하필 두루마리 책에 툭 떨어졌다. 호메로스는 대번에 표정을 확 구기더니 자리에서 벌떡 일어나 요란하게 쿠키 부스러기를 털어 냈다. 그러더니 자리에 쪼그리고 앉아 혹시 책상 위에 남은 부스러기가 없는지 확인까지 하는 게 아닌가?

잠시 후, 호메로스가 자리에서 일어서더니 칼리오페에게 버럭 화를 냈다.

"쿠키 먹을 생각 없으니까 제발 내 책에서 떨어져 줄래?"

'세상에!'

칼리오페는 너무 놀라서 뒤로 주춤 물러났다.

'호메로스는 어쩜 이렇게 참 한결같이 까칠할까?'

그때, 다른 팬이 《오디세이아》를 손에 들고 다가왔다. 소년은 칼리오페의 손에 두루마리 책이 들려 있지 않은 걸 보더니 칼리오페 앞을 가로막아 서며 호메로스에게 책을 내밀었다.

"사인해 줄래요? 내 이름은 렘노스예요."

이어 렘노스는 호기심 가득한 눈으로 호메로스를 바라보며 물었다.

"두루마리 책을 사면 공짜로 피규어를 선물로 준다면서요?"

"어……. 응."

호메로스는 서둘러 사인을 하더니 멋쩍은 눈빛으로 칼리오페를 힐끗 쳐다보았다. 그러더니 의자 옆에 놓아둔 상자에서 8센티 크기의 피규어를 꺼냈다.

칼리오페는 눈이 번쩍했다. 호메로스가 꺼낸 피규어는 영웅학 보드게임 판의 오디세우스 조각상과 너무나 닮아 있었다.

"대박! 짱이다!"

렘노스는 오디세우스 피규어를 건네받자마자 등에 달린 버튼을 눌렀다. 옆구리에 팔을 착 붙이고 있던 피규어는 마치 오디세우스가 적을 후려치는 것처럼 주먹을 앞으로 날렸다. 렘노스란 소년은 신이 나서 피규어의 버튼을 누르고 또 누르며 자리를 떴다.

"얘, 책은 필요 없어?"

호메로스는 다소 기분이 상한 듯했다.

"아, 맞다."

피규어에 마음을 뺏긴 렘노스는 두루마리 책을 겨드랑이에 대충 끼고서 건성으로 인사하고는 총총히 서점을 나섰다.

"웬 피규어?"

칼리오페의 물음에 호메로스는 어색하게 웃어 보였다.

그때, 칼리오페의 머릿속에서 온갖 생각이 달음질치더니 이내 모든 것이 착착 맞아 들어가기 시작했다. 칼리오페는 눈을 동그랗게 뜨고 호메로스를 쳐다보았다.

"키클롭스 선생님 교실에서 조각상을 훔친 범인이 바로 너구나! 극장에서 우연히 발견한 게 아니었어!"

"쉿! 훔친 거 아니야!"

기겁한 호메로스는 주변에 듣고 있는 팬이 없는지 휘휘 살피더니 진땀을 흘리며 대답했다.

"이 피규어는 예전에 내가 영웅학 교실을 방문했을 때, 보드게임 판 조각상을 보고 대충 그려 온 그림을 본떠 만든 거야. 《오디세이아》를 쓸 때였어. 아폴론이나 아프로디테한테 물어봐. 진짜야."

칼리오페는 상자에서 피규어 하나를 꺼내어 살펴보았다.

"대충 그린 스케치를 보고 만든 것치곤 너무 완벽한데?"

호메로스는 땅이 꺼지라 한숨을 쉬었다. 그러더니 칼리오페의 손에서 피규어를 뺏으며 숨죽이며 말했다.

"그래. 무슨 말인지 알겠으니 목소리 좀 낮춰."

호메로스는 다시 긴 한숨을 쉬더니 고개를 끄덕였다.

"그래, 맞아. 영웅학 보드게임 판의 조각상 좀 빌렸어. 하지만 넌 오히려 내게 고마워해야 해. 우리 책을, 너랑 나랑 같이 만든 《오디세이아》가 잘 팔리게 하려고 그런 거란 말이야. 처음부터 하루 이틀 정도 가지고 있다가 돌려놓을 생각이었어. 출판사에 화가를 불러서 내가 그려 온 그림보다 더 닮게 그릴 시간이 필요했을 뿐이야."

"사은품으로 나눠 줄 장난감을 만들기 위해서 말이지?"

호메로스는 고개를 끄덕였다.

"그런데 화가가 시간을 너무 오래 끌었어. 지난주 금요일이 돼서야 조각상을 돌려주기에 바로 올림포스 학교에 가져다 놓으려 했지. 네가 친구들이랑 분수대에서 놀고 있다가 나랑 학교에서 마주쳤던 그날, 기억나? 난 곧장 영웅학 교실로 갔는데, 그날따라 키클롭스 선생님이 늦게까지 남아서 수업 준비를 하고 계시더라고. 몰래 들어가 조각상을 되돌려 놓을 방법이 없었어."

"그래서 나한테 거짓말하고 가방을 넘겨서 너 대신 갖다 놓게 했다, 이거지?"

칼리오페는 입을 앙다물었다.

'우리 책이라고? 호메로스는 지금까지 단 한 번도 《오디세이아》를 우리 책이라고 부른 적이 없어! 지금 저런 말을 하는 건 순전히 내가 진실을 폭로할까 봐 나한테 잘 보이려고 저러는 것뿐이야.'

호메로스가 겸연쩍은 얼굴로 되물었다.

"너도 들어 보니 내가 왜 그랬는지 이해되지? 키클롭스 선생님이나 제우스 님께 알리지 않을 거지? 두 분 다 《오디세이아》가 잘되기를 바란다고 응원해 주셨잖아."

호메로스의 얼굴이 딱할 정도로 어두워졌다.

"처음 출간되었을 때는 정말 잘 팔렸는데, 경쟁 시인의 책이 나오면서 요즘 내 책은 판매가 주춤하거든. 너무 걱정돼서 미칠 거 같았어."

이어 호메로스의 표정이 돌변하더니 웃음 띤 얼굴로 덧붙였다.

"그런데 사은품 피규어 덕분에 내 책 판매량이 다시 하늘을 찌르고 있다고!"

칼리오페는 기분이 확 상했다.

'저거 봐, 이젠 또 자기 책이라잖아. 정말 호메로스답다. 무엇보다 처음부터 날 믿고 솔직하게 털어놓지 않았다는 게 너무 속상해.'

칼리오페는 호메로스를 똑바로 바라보며 입을 열었다.

"영웅학 보드게임 판의 조각상을 움직이면 현실 세계의 영웅한테 그 일이 실제로 일어난다는 거, 너도 분명 알고 있잖아."

호메로스는 어깨를 한 번 으쓱이더니 대답했다.

"그건 올림포스 학교 게임 판 위에서 움직일 때 얘기지. 게임 판 밖으로 빼내면 현실 세계 영웅한테는 아무런 영향도 미치지 않아."

"그렇다 하더라도 만약 네가 그걸 지니고 있는 동안 조각상한테 무슨 사고라도 벌어졌다면……. 어휴, 상상만 해도 정말 끔찍해!"

호메로스는 무심히 고개를 끄덕이며 말했다.

"그래, 그래. 칼리오페. 좀 비켜 줄래?"

'응? 이건 또 무슨 말이야?'

칼리오페가 뒤돌아보니 또 다른 팬이 《오디세이아》를 들고 다가오고 있었다. 호메로스가 사인을 하는 동안 칼리오페는 제과점 쪽을 쳐다보았다. 출입문 너머에서 테르프시코레가 활짝 웃고 있었다.

'언니는 여기 일이 술술 풀리고 있는 줄 아나 봐. 어휴.'

사인을 마친 팬은 두루마리 책과 미케네의 왕이자 트로이 전쟁 때 그리스군의 총지휘관을 맡은 아가멤논 피규어를 가지고 떠났다. 호메로스는 다시 칼리오페에게 눈길을 돌렸다.

"참, 요즘 노래 연습은 하고 있어?"

호메로스는 자신에게 불리한 보드게임 판 조각상과 피규어 얘기를 그만하려고 다른 이야기를 꺼내는 티가 팍팍 났다.

"아니. 요즘 시간이 안 나서 못 하고 있어."

칼리오페는 까칠하게 대답했다. 호메로스가 혀를 끌끌 찼다.

"연습할 시간이 없으면 다음 공연에선 어쩌려고 그래?"

"신기하네. 내 노래 공연은 왜 우리 공연이라고 안 불러? 넌 내가 도와준 일을 모조리 네 공으로 돌리는 걸 좋아하잖아."

호메로스의 눈이 커졌다. 진심으로 놀란 듯했다.

"그게 무슨 말이야?"

그 순간, 칼리오페는 폭발하고 말았다.

"네 이기심과 잘난 척에 진절머리가 난다는 얘기야!"

머리끝까지 화가 난 칼리오페는 그동안 속에 담아 두었던 말을 와르르 쏟아 냈다.

"넌 내가 너한테 영감을 줬다고 하면서 한 번도……."

칼리오페는 금방이라도 울음이 터질 것 같아서 말을 잇지 못했다. 겨우 감정을 추스른 뒤, 칼리오페는 차갑게 쏘아붙였다.

"넌 오직 네 작품이랑 너 자신을 위하는 법밖에 몰라. 정말 지긋지긋해!"

호메로스는 도무지 영문을 모르겠다는 표정으로 칼리오페를 달래려 했다.

"말도 안 돼! 당연히 넌 내 영감의 근원이지. 그런데 내가 너한테 더 노력해 보라는 말을 한 이유는 딱 하나야. 너는 내 *친구*잖아."

호메로스는 인상을 찌푸리며 되물었다.

"그렇지?"

"…… 맞아."

칼리오페는 호메로스를 매섭게 노려보았다.

'내가 호메로스의 성격을 모르는 것도 아니고, 자신이 원하는 걸 이루기 위해 뭐든지 할 애잖아. 귀한 조각상을 훔쳤다고 해도 놀랄 일이 아니지. 그동안 난 호메로스가 날 친구 이상으로 여길 거라고 착각하고 있었어. 그런데 쟤는 누군가와 친구가 된다는 게 어떤 일인지 전혀 모르는 것 같아. 나로선 참 서글픈 일이지만, 호메로스가 반할 수 있는 대상은 자기 책밖에 없을 것 같네!'

칼리오페가 차갑게 생각을 정리하는 사이, 짜증스러운 일은 또 일어났다. 호메로스 또래로 보이는 소녀가 쟁반 가득 쿠키를 담아서 호메로스에게 다가왔다. 길고 검은 머리칼에 짙은 파란색 눈동자를 지닌 소녀는 칼리오페가 봐도 정말 예뻤다.

'아, 카산드라의 언니구나. 전에 본 적이 있어.'

"어, 라오디케. 안녕!"

호메로스가 칼리오페한테는 한 번도 보여 준 적 없는 환한 미소를 지으며 인사를 건넸다.

"안녕, 호메로스."

둘만의 농담을 주고받기라도 하듯 라오디케도 따라 웃더니 쟁반을 내밀었다.

"쿠키 먹을래?"

"좋지."

이 광경을 본 칼리오페의 눈이 튀어나올 듯이 휘둥그레졌다.

'아니, 나한테는 소중한 책에 과자 부스러기가 떨어지느니 마느니 난리를 치더니, 지금은 왜 냉큼 받아먹는 거야? 하나도 아니고, 한 움큼을 집어 들잖아!'

"고마워, 라오디케. 너희 가게 쿠키는 정말 최고야!"

칼리오페는 두 사람을 번갈아 쳐다보다가 문득 어떤 사실을 깨달았다.

'둘이 서로 좋아하는구나!'

칼리오페는 가슴이 무너질 것 같았다.

'눈치챘어야 했는데. 그래, 이성 친구를 사귄다면 아무래도 자기와 비슷한 또래를 만나고 싶겠지.'

칼리오페는 작별 인사를 건네고서 서둘러 자리를 떴다. 하지만 안타깝게도 호메로스는 그 사실을 알아차리지도 못했다.

칼리오페가 제과점 쪽 출입문으로 향하자 테르프시코레가 서둘러 다가왔다.

"그만 가 볼까?"

칼리오페는 애써 미소 지으며 고개를 끄덕였다.

언니와 함께 가게를 나선 칼리오페는 쇼핑센터 안뜰에서 아는 얼굴을 발견했다. 아프로디테와 아레스 커플, 아르테미스와 악타이온 커플이 회전목마를 타려고 매표소 앞에 서 있었다.

이어 회전목마의 뾰족한 지붕에 그려진 아름다운 그림이 칼리오페의 눈에 들어왔다. 제우스가 티탄에게 번개를 날리는 장면, 헬리오스가 태양 전차를 타고 하늘을 가로지르는 장면이 먼저 눈에 띄었다. 지붕 가장자리에는 알록달록한 꽃과 무지개, 아도니스처럼 귀여운 새끼 고양이가 새겨져 있었다.

곧이어 탑승이 시작되었다. 칼리오페의 눈길은 올림포스 학교 친구들에게 향했다. 아프로디테와 손을 마주 잡고 걸어가는 아레스의 얼굴에 한없이 다정한 미소가 걸려 있었다. 칼리오페는 다시 찌릿하니 마음이 아팠다.

'호메로스는 한 번도 내 손을 잡으려 한 적이 없는데.'

회전목마에 설치된 동물 모형은 보통 사람의 키보다 컸고, 정성스럽게 페인트칠을 하고 광택을 낸 덕분에 반짝반짝 빛이 났다. 칼리오페가 지켜보는 사이 아르테미스가 악타이온의 도움을 받아 황금 뿔이 달린 하얀 사슴 모형에 올라탔다. 아르테미스의 전차를 끄는 사슴과 똑같이 생긴 걸 보니, 아르테미스가 그 모형을 직접 만든 게 분명했다. 한편, 회전목마의 중심을 기준으로 바깥쪽에 설치된 모형들은 위아래로 움직이고, 안쪽의 모형들은 바닥에 고정되어 있었다. 자상한 악타이온은 오르내리는 재미를 포기하더라도 아르테미스 옆에 있고 싶은지 바로 옆의 표범을 골랐다.

경쾌한 음악과 함께 회전목마가 빙글빙글 돌기 시작했다. 아르테미스와 악타이온은 신나게 웃으며 백조와 부엉이에 올라탄 아프로디테와 아레스에게 손을 흔들었다.

칼리오페는 한숨이 저절로 나왔다.

'언젠가는 나도 남자 친구가 생길 거야. 그 상대가 호메로스가 아닐 뿐이지.'

테르프시코레가 동생의 기분을 알아차렸는지 슬며시 회전목마 쪽으로 밀었다.

"우리도 타 볼까?"

"좋아."

속도가 점점 빨라지면서 회전목마에 달린 온갖 장식들이 반짝이며 커다란 빛 덩어리로 변했다.

칼리오페는 언니와 함께 매표소로 걸어가며 생각했다.

'호메로스는 절대로 회전목마 따위 타지 않겠다고 할 거야. 어린애 같은 짓이라고, 시간 낭비라고 하겠지. 내가 같이 타자고 하면 글 쓰느라 바빠서 틈이 안 난다며 거절할 거야. 하지만 라오디케가 물어보면……..'

칼리오페는 다시 한숨을 푹 쉬었다.

'분명 대답이 다르겠지.'

회전목마가 멈추자 칼리오페는 아르테미스와 아프로디테에게 손을 흔들었다. 두 소녀 신은 손을 흔들어 답하고는 남자 친구의 손을 잡고 쇼핑센터 안뜰로 이어지는 출구로 향했다.

탑승 차례가 되자 칼리오페는 사자를, 테르프시코레는 바로 뒤의 양을 골랐다.

곧이어 회전목마가 천천히 움직이기 시작했다. 마음이 한결 가벼워진 칼리오페는 스쳐 지나가는 풍경을 가만히 바라보았다. 가게마다 두루마리 책, 옷, 무기까지 다양한 상품을 팔고 있었다.

'여러 가게들이 다 한 지붕 아래에 모여 있네.'

빙글빙글 돌며 흐릿한 풍경을 지켜보는 사이, 칼리오페의 생각은 건축학 숙제로 서서히 흘러갔다.

그리고 마침내, 칼리오페의 머릿속에 완전히 새로운 아이디어가 번쩍하고 떠올랐다. 다른 이들에게 영감을 줄 때처럼 전혀 다른 두 가지 아이디어를 하나로 묶었더니 아주 참신한 아이디어가 나왔다.

칼리오페는 너무 신나서 온몸에 소름이 쫙 돋았다.

'세상에! 나 지금, 나 자신한테 영감을 줬어! 확실해. 이건 참신하고 무조건 실현 가능한 아이디어야!'

10 영감이여, 샘솟아라!

 그날 밤, 기숙사 방으로 돌아온 칼리오페는 곧바로 책상에 앉아 열심히 메모를 남겼다.

 '이대로 잠들었다가 회전목마에서 떠올랐던 멋진 아이디어가 아침에 생각나지 않으면 곤란하잖아.'

 칼리오페는 메모를 끝내고 옷장으로 가서 좋아하는 분홍색 잠옷으로 갈아입었다. 그러다 벽에 붙은 호메로스의 초상화가 눈에 들어온 순간, 슬픔의 파도가 칼리오페의 마음을 싹 쓸고 지나갔다.

 '올림포스 학교에는 아르테미스와 악타이온, 아프로디테와 아레스처럼 사귀는 애들이 많은데, 나도 언젠가 남자 친구가

생길까? 적어도 호메로스랑은 가망이 없다는 건 확실해.'

칼리오페는 슬프더라도 호메로스를 마음에서 떨쳐 내야 한다는 걸 알고 있었다. 그 생각을 하자 슬픔도 차츰 잦아들었다.

'흠, 차였다는 표현은 이 상황에 안 맞나? 둘이 사귄 적이 있어야 그런 표현을 쓸 수 있는 건가? 뭐, 아무렴 어때.'

호메로스는 재능 넘치고, 유명하고, 특이하고, 자꾸만 호기심을 불러일으키는 아이였다. 하지만 작품 활동을 도와줄 때 외에는 너무 힘들고 피곤한 상대였다.

'난 어쩌면 생각보다 호메로스를 진심으로 짝사랑한 게 아니었나 봐. 짝사랑할 상대가 있다는 생각 자체를 좋아했던 것 같아. 뭐, 난 뮤즈잖아. 생각 빼면 시체인걸, 헤헤.'

칼리오페는 빙그레 웃으며 호메로스의 초상화를 향해 손을 흔들었다.

"짝사랑이여, 안녕!"

곧바로 칼리오페는 초상화를 떼어 내 책상 서랍 맨 아래 칸에 넣었다. 그러고는 침대

에 폴짝 뛰어올라 따뜻한 이불 속으로 들어갔다. 이제 칼리오페한테는 새로운 짝사랑이 생겼고, 머릿속은 그 짝사랑 상대에 대한 생각으로 가득했다.

'부디 리본 선생님과 반 아이들도 내 짝사랑, 내 새로운 아이디어에 홀딱 빠지면 좋겠어!'

다음 날, 리라 종이 "디리링." 울리면서 건축학 수업이 시작되었다. 리본 선생님이 자리에서 일어나더니 손가락 사이에 컴퍼스를 끼고 빙글빙글 돌리며 말을 꺼냈다.

"어제 수업 시간 동안 모두가 골고루 이야기를 나눠 보지는 못한 것 같더구나."

몇 자리 떨어진 곳에서 암피트리테가 칼리오페를 바라보며 웃더니 입 모양으로 말했다.

'내가 선생님께 말씀드렸어.'

칼리오페는 고맙다는 표시로 방긋 웃었다.

'이렇게 마음 써 주다니. 암피트리테는 테르프시코레 언니랑 비슷한 면이 있는 것 같아. 둘 다 생각이 깊고, 다정하고, 친절해. 아, 그리고 바닷속 정원을 설계할 만큼 똑똑하지. 그 점도 언니랑 아주 비슷해.'

리본 선생님이 다시 이야기를 이었다.

"그러니 오늘 수업은 어제와 같은 조로 나누어서 조별 토론을 마무리하도록 하자. 선생님이 돌아가며 각 조에 들르마."

칼리오페는 의자를 들고 교실 뒤쪽으로 가면서 안도의 한숨을 쉬었다.

'다행이지 뭐야. 어제랑 오늘이랑 내용이 완전 다른데, 새 설계도에 대해 이야기 나눠 볼 수 있게 되었으니까.'

칼리오페는 설레기도, 긴장되기도 했다.

'내가 생각한 것보다 아이들 반응이 별로면 어떻게 하지? 아냐, 이젠 다른 걸 생각해 낼 틈도 없어. 이 아이디어로 하든지, 숙제를 못 하든지 둘 중 하나니까.'

포세이돈, 디오니소스, 암피트리테, 칼리오페가 모두 모였다. 포세이돈이 먼저 말을 꺼냈다.

"자, 우리 중에는 칼리오페만 이야기를 못 했지? 칼리오페, 네 설계 아이디어를 들려줄래?"

"응."

칼리오페는 세 아이의 얼굴을 쭉 둘러보며 물었다.

"너희들, 혹시 알렉산드라에 있는 박물관에 대해 들어 본 적 있니?"

포세이돈과 디오니소스는 전혀 모르는 눈치였지만, 암피트리테는 열심히 고개를 끄덕였다.

"응. 기사에서 봤어. 뮤즈 자매에게 바치는 곳이라며?"

그제야 디오니소스의 보랏빛 눈동자가 반짝 빛났다.

"아! 영어로 박물관이 뮤지엄(MUSEum)이지?"

"그래, 그런데 그 박물관이 어떻다는 거야?"

포세이돈이 묻자 암피트리테가 대답했다.

"그 박물관은 두루마리 책을 볼 수 있는 도서관 역할도 한대."

"그럼 그냥 도서관이라고 부르면 되잖아?"

포세이돈의 계속되는 질문에 칼리오페는 살짝 짜증이 났다.

"이유는 나도 모르지."

칼리오페는 한시라도 빨리 새 아이디어에 내해 이야기하고 싶어 몸이 근질거렸다. 하지만 마음을 가다듬고서 차분하게 자기 생각을 밝혔다.

"박물관이라고 부른다는 사실 자체가 특별한 게 아닐까? 그곳은 고대의 두루마리 책들을 단순히 모아 두기만 한 곳이 아니야. 그 책을 읽고, 생각하고, 다른 철학자들과 이야기 나누는 곳이야. 중요한 연구를 하려는 학자들을 위해 마련된, 세상에서 가장 유명한 도서관이자 박물관이지."

칼리오페의 말을 들더니 암피트리테가 고개를 갸웃하며 물었다.

"그래서 그곳이랑 네 숙제랑 어떤 관련이 있는 거야?"

칼리오페는 심호흡을 하고서 설명을 시작했다.

"음……. 난 단순히 두루마리 책을 모아 놓은 곳이 아닌, 그 이상의 박물관을 설계해 보려 해. 얘들아, 불멸 쇼핑센터를 떠올려 봐. 그곳엔 각기 다른 상품을 파는 멋진 가게들이 가득하잖아. 내가 생각하는 박물관도 비슷해. 연구 가치가 있는 다양한 수집품을 모아 둔 전시실이 가득한 곳이랄까?"

잠자코 설명에 귀를 기울이던 디오니소스가 물었다.

"어떤 종류의 수집품 말이야?"

"뭐든지 다."

신이 난 칼리오페는 자신의 상상 속 박물관의 모습을 친구들도 볼 수 있도록 두 손으로 모양을 만들어 보였다.

"보석 전시실, 미술품 전시실, 도자기 전시실이 한 지붕 아래 모여 있는 거야."

암피트리테가 고개를 끄덕이며 대답했다.

"학자나 철학자는 그런 곳이 있다면 정말 좋아할 거야. 그런 사람들을 위한 박물관 맞지?"

"어, 그게……."

칼리오페는 뭐라고 대답해야 할지 몰라서 암피트리테를 멀뚱멀뚱 쳐다보기만 했다.

'누구를 위한 박물관인가는 아직 생각해 보지 않았는데. 지금까지 난 박물관의 형태만 신경 쓰고 있었어. 암피트리테가 중요한 질문을 던져 주었네. 리본 선생님도 설계한 공간을 누가 주로 이용하는 건지 설계도에 쓰라고 했잖아.'

문득 칼리오페는 기억 한 조각이 떠올랐다.

'음악 축제날, 아폴론과 마르시아스의 대결이 벌어지기 전에 내가 아폴론한테 그랬지. 언젠가 죽음을 맞이해야 하는 존재들은 불멸의 존재에게 매력을 느낀다고. 우리는 그들에게 연예인이나 다름없다고 말이야.'

그 순간 칼리오페의 머릿속에 새로운 영감이 반짝하고 떠올랐다.

"난 인간들을 위한 박물관을 만들고 싶어! 조금 전에 말했던 보석, 미술품, 도자기뿐만 아니라 신과 관련된 물품을 가득 전시할 거야."

곧바로 칼리오페는 포세이돈과 디오니소스의 관심을 끌 만한 말을 덧붙였다.

"물론 무기 전시실도 마련해야지."

예상대로 두 소년 신은 싱글벙글했다.

"대박이다!"

이어 디오니소스가 물었다.

"제우스님의 이름을 걸고 맹세하는데, 트집 잡으려는 게 아니고 궁금해서 물어보는 거야. 그 많은 물품을 어디서 구할 수 있겠어?"

다시 새로운 아이디어가 "팟!" 하고 떠올랐다. 칼리오페는 손가락을 딱 튕겼다.

"그래! 제우스님! 바로 그거야! 전시할 물품은 기증받아서 마련할 거야. 며칠 전 교장 선생님이 학교 도서관에 예전 잡지를 기증하시는 걸 봤어. 도서관에는 안 맞지만, 기승할 수 있는 물건이 많다고 하셨어. 예를 들어, 교장 선생님 손끝에서 나온 불꽃에 그을린 쿠션이라든가. 아! 너희들도 교장실에 걸려 있는 페가수스 그림 알지?"

"〈하늘을 나는 페가수스〉 말이야?"

포세이돈이 청록색 두 눈을 동그랗게 뜨며 되물었다.

"그걸 치우시겠대? 교장 선생님이 직접 그리셨잖아. 진짜 그분다운 그림이랄까?"

듣고 있던 디오니소스가 일부러 침울한 표정을 지으며 한마디 던졌다.

"칼리오페, 박물관을 짓는다면 제발 그 그림을 가장 외진 전시실에 걸어 줘."

디오니소스의 농담에 아이들은 배를 잡고 웃었다. 그 그림 때문에 올림포스 학교 학생이라면 누구나 제우스가 미술 방면에는 소질도, 보는 눈도 없다는 사실을 알고 있었다.

웃음이 잦아들자 칼리오페가 다시 설명을 시작했다.

"도서관에 있을 때, 교장 선생님이 사서 선생님한테 그러셨어. 헤라 님이 교장실 정리를 하도록 설득하셨다고 말이야. 낡은 쿠션은 치우고, 벽의 그림도 바꾸라고 하셨대."

암피트리테가 고개를 주억거리며 대답했다.

"낡은 쿠션이라 해도 인간들은 감탄할 거야. 그을린 자국은 제우스 님의 강력한 힘을 보여 주는 증거니까."

포세이돈은 칼리오페의 박물관이 계획 단계일 뿐, 아직 실제로 존재하지 않는다는 사실을 잊은 듯 선뜻 제안했다.

"혹시 필요하다면, 무기 전시실에 내가 어릴 때 쓰던 삼지창 두어 자루를 기증할게."

"어머, 그럼 정말 좋지!"

열의가 끓어오른 칼리오페는 가방에서 두루마리 공책과 깃털 펜을 꺼내어 포세이돈의 기증품을 기록했다. 이제 칼리오페를 포함한 네 아이 모두 박물관이 당장이라도 지어질 듯 신이 나서 이야기를 나누기 시작했다.

며칠 전만 해도 칼리오페는 건축학 과목에서 좋은 성적만 받아도 감지덕지했는데, 이제는 그 이상을 바라게 되었다.

'교장 선생님과 리본 선생님이 내 박물관을 가장 창의적이고 흥미로운 디자인으로 뽑아 주면 얼마나 좋을까? 그럼 내 박물관도 암피트리테의 바닷속 정원처럼 실현될 수 있을 텐데.'

"악기 전시실은 어떨까?"

디오니소스가 불쑥 말을 꺼내기에, 칼리오페는 얼른 공상에서 빠져나와 대화에 집중했다.

"필요하면 아울로스를 기증할게."

이어서 암피트리테가 생긋 웃으며 말했다.

"조개껍질 전시실은 어때? 보기 드문 것도, 예쁜 것도 우리 자매는 잔뜩 가지고 있거든."

칼리오페는 열심히 메모하느라 리본 선생님이 뒤에 서서 내내 귀를 기울이고 있다는 걸 뒤늦게 알아차렸다. 듣고 있는 리본 선생님의 표정이 밝았다.

'오, 예감이 좋은데?'

칼리오페와 눈이 마주치자 리본 선생님이 빙그레 웃었다.

"칼리오페, 아주 좋은 아이디어를 찾아냈구나. 계속 진행해 보렴."

리본 선생님은 칼리오페의 어깨를 툭 두드려 주더니 다른 조로 자리를 옮겼다.

칼리오페는 기뻐서 날아오를 것만 같았다.

'내일까지 완성된 설계도를 제출하려면 밤늦게까지 정말 열심히 준비해야 할 거야. 그래도 드디어 내가 정말로 바라고, 확신을 가질 수 있는 주제를 찾았잖아. 영감이 저절로 퐁퐁 샘솟는걸. 만세!'

수업을 마치고 기숙사 방에 돌아온 칼리오페는 곧바로 설계도를 그리기 시작했다. 처음 도서관을 떠올렸을 때처럼 건물 외부를 신전처럼 만들겠다는 아이디어는 그대로 유지했다. 대신 뮤즈 자매에게 바치는 곳이란 뜻으로 뾰족한 지붕 가장자리에 자매들의 조각상을 세우기로 마음먹었다.

'흠, 조각상 중에 나도 있으니 너무 으스대는 것처럼 보이지 않을까? 어차피 이곳은 뮤즈의 집, *뮤지엄*이고 내가 뮤즈인 건 변하지 않는 사실이니 괜찮겠지?'

이어 칼리오페는 아홉 조각상에 각 자매가 맡고 있는 예술의

상징을 덧붙였다.

'클레이오 언니는 역사학자니까 두루마리를, 천문학자 우라니아 언니는 천구본(별과 별자리를 표시한 동그란 모형. : 옮긴이)을, 폴리힘니아 언니는 신들의 세계를 노래하는 시인이니까 긴 베일을 들고 있을 거야.'

칼리오페는 콧노래를 흥얼거리며 설계용 두루마리를 꺼내더니 여러 전시실 이름을 쓰고 내부를 그리기 시작했다.

한참 뒤, 칼리오페의 배에서 천둥소리가 울려 퍼졌다.

'어머, 벌써 시간이 이렇게 되다니!'

칼리오페는 설계에 몰두하느라 저녁 식사 시간을 까마득히 잊고 있었다.

마침 그때 누군가 방문을 똑똑 두드렸다. 칼리오페는 앉은자리에서 소리쳤다.

"들어와!"

칼리오페는 누구일지 궁금해하며 농담을 던졌다.

"먹을 거 들고 오면 대환영!"

문이 열리더니 암피트리테가 고개를 빼꼼 들이밀며 밝게 웃었다.

"그렇지 않아도 내가 먹을 걸 가져왔지."

암피트리테의 손에는 학생 식당에서 가져온 저녁 메뉴가 들려 있었다.

"우아, 나 배고픈 거 어떻게 알았어?"

칼리오페는 진심으로 감탄했다. 방으로 들어온 암피트리테는 칼리오페의 책상에 쟁반을 내려놓았다. 치즈 넥타르로니, 천상 샐러드, 로즈메리 올리브 빵이 넉넉히 담겨 있었다.

"식당에 네가 안 보이더라."

암피트리테가 방긋 웃으며 말했다.

"건축학 숙제하느라 정신없겠구나 싶어서 먹을 걸 좀 챙겨 왔지. 허기를 채워야 숙제도 할 거 아냐."

"타이밍 끝내준다! 안 그래도 배고파 죽을 지경이었어!"

칼리오페는 다시 한번 암피트리테에게 감탄했다.

'속 깊고 자상한 면이 정말 테르프시코레 언니랑 비슷해!'

칼리오페는 잠시 쉬기로 마음먹고서 암피트리테에게 맞은편 침대에 앉으라고 손짓했다. 그러고는 넥타르로니를 퍼먹으며 물었다.

"어제 포세이돈이랑 물놀이 공원은 잘 살펴봤어?"

암피트리테는 생글생글 웃으며 대답했다.

"진짜 재미있었어. 물놀이 공원을 열 군데도 넘게 돌아다니면서 다 수영해 봤어. 우리 바다 님프 네레이데스 자매들도 같이 가면 좋았을 텐데. 다들 무척 좋아했을 거야!"

칼리오페는 넥타르로니를 꿀꺽 삼키고서 물었다.

"네레이데스 자매는 모두 몇 명이야?"

"마흔아홉 명."

"우아!"

칼리오페는 놀란 눈을 했다.

"대박이다! 난 우리 아홉 자매도 많다고 생각했는데!"

암피트리테가 까르르 웃더니 쓸쓸한 눈빛으로 말했다.

"믿기 어려울지도 모르지만, 난 한 명 한 명이 다 그리워. 다음 주말에 오랜만에 집에 가거든. 생각만 해도 설레."

갑자기 암피트리테가 호기심 어린 눈으로 칼리오페의 방을 휘휘 둘러보더니 물었다.

"아, 혹시 네 룸메이트는……."

암피트리테가 빈 책상과 자신이 앉아 있는 침대를 찬찬히 살피며 대답을 기다렸다. 칼리오페는 고개를 가로저었다.

"히드라 선생님이 아직 룸메이트를 정해 주지 않으셨어."

"나도 방 혼자 써."

암피트리테는 한숨을 푹 쉬며 말을 이었다.

"자매가 많지만, 우리는 다 각방을 쓰거든. 대신 작은 방이 동굴 안에 다닥다닥 붙어 있어. 그래도 난 그게 참 좋았어. 가끔은 동생들 떠드는 소리가 안 들리면 공부도 안 될 정도라니까."

칼리오페가 미소 지었다.

"무슨 말인지 알아. 나도 그렇거든."

칼리오페의 마음속에 희망이 몽글몽글 차오르기 시작했다.

'혹시 암피트리테도 나랑 같은 생각을 하고 있을까? 밤에 들어가서 잘 수 있는 분수를 지을 거라고 했었는데. 자자, 칼리오페. 용기를 내자. 모험을 하지 않으면 아무것도 얻을 수 없어!'

칼리오페는 수줍게 웃으며 말을 꺼냈다.

"있잖아……."

"있잖아……."

암피트리테도 동시에 입을 열었다.

둘은 잠시 말이 없다가 함께 "풋." 하고 웃음을 터뜨렸다.

그 순간, 칼리오페는 확신했다.

'우린 영혼으로 이어진 자매야!'

칼리오페는 포크를 내려놓으며 말을 꺼냈다.

"미안. 네가 먼저 말해."

암피트리테는 고개를 가로저었다.

"아냐. 네가 먼저 말해."

칼리오페는 단단히 마음을 먹고 입을 열었다.

"저…… 혹시…… 음…… 나랑 룸메이트 할래?"

암피트리테는 환한 얼굴로 벌떡 일어서며 소리쳤다.

"좋아!"

칼리오페는 반가운 마음에 같이 벌떡 일어섰다가 머뭇머뭇 물었다.

"그럼 네가 만들겠다고 했던 분수는 어떻게 해?"

암피트리테는 어리둥절한 눈으로 칼리오페를 바라보다가 이내 손가락을 딱 튕겼다.

"아, 그거! 포세이돈이랑 같이 물놀이 공원을 다녀 보고서 분수는 필요 없다고 결론지었어. 학교 수영장에서 언제든지 수영할 수 있으니까. 집에 갈 때 자매들이랑 깊은 바다를 자유롭게 돌아다녀도 되고. 혼자 분수에서 자면, 기숙사 방에서 혼자 지내는 것보다 더 외로울 것 같아. 기숙사에선 친구들이랑 어울리고 싶으면 문을 열고 복도로 나가기만 하면 되잖아."

"그건 그래."

칼리오페는 씩 웃으며 덧붙였다.

"그리고 이왕이면 우리 둘이 룸메이트가 되는 쪽이 수억만

배는 더 좋고 말이야."

암피트리테가 웃으며 맞장구를 쳤다.

"내 말이 그 말이야!"

둘은 누가 먼저랄 것도 없이 약속한 듯 손을 뻗어 "짝!" 하고 손을 마주쳤다.

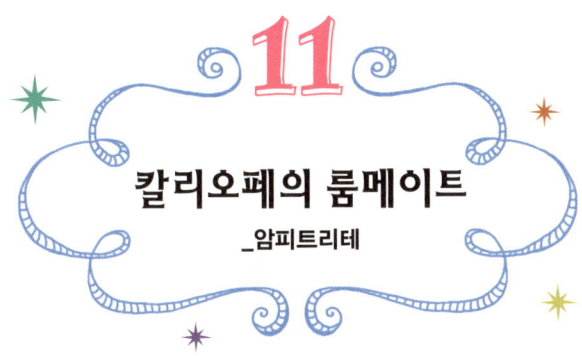

11
칼리오페의 룸메이트
_암피트리테

"포스터를 만들었는데, 봐 줄래?"

일주일 뒤, 칼리오페가 암피트리테를 돌아보며 물었다.

칼리오페가 룸메이트가 되지 않겠냐고 물었던 다음 날, 암피트리테는 바로 칼리오페의 방으로 이사를 왔다. 두 아이는 기숙사 방 양쪽 벽에 붙은 책상에 각각 자리를 잡고 앉아 있었다.

바라던 대로 룸메이트가 생기자 칼리오페는 한층 마음의 안정을 찾았고 중요한 일에 집중할 수 있게 되었다. 예를 들면 숙제랄까? 암피트리테가 공부하면 칼리오페도 따라서 공부했다. 바로 지금처럼. 둘은 벌써 한 시간째 조용히 책상에 앉아 열심히 공부하던 참이었다.

"그래."

암피트리테가 자리에서 일어나 칼리오페의 책상으로 다가왔다. 포스터 글귀를 읽으려고 고개를 숙이니 암피트리테의 물결치는 청록색 머리칼이 앞으로 와르르 쏟아져 내렸다.

《알립니다》
신들의 박물관을 짓기 위해 여러분의 도움이 필요합니다.
아래의 물품들 중 가지고 있는 것이 있다면 기증해 주세요.
  - 괴물의 흔적 (그리폰 발톱, 용 이빨, 뱀 혀, 멧돼지 엄니 등)
  - 전투용 무기 (방패, 투구, 가슴 보호용 갑옷, 사슬 갑옷 등)
  - 의류 (특이하거나 환상적이거나 역사적 의미가 있는 옷이면 무엇이든)
  - 상패 (트로피, 메달, 훈장, 화환 등)

암피트리테가 마음에 든다는 표시로 고개를 끄덕였다.
"잘 만들었네. 기증하려는 물품을 어디로 가져와야 하는지 써 주면 좋지 않을까?"
"좋은 생각이야."
칼리오페는 포스터에 얼른 그 내용을 더했다.
"포스터가 완성되면 학교 현관에 걸어 두려고."

암피트리테는 칼리오페의 침대 끝자락으로 가서 새로 들어온 수집품을 찬찬히 살폈다.

"리본 선생님과 제우스 교장 선생님이 네 박물관 설계를 뽑아 주시다니, 정말 잘됐어."

"그러게. 이제 우리 둘 다 각자가 설계한 공간이 실제로 지어지는 걸 볼 수 있게 됐어!"

바로 이틀 전 일이었다. 리본 선생님은 수업 시간에 칼리오페의 설계를 우수작으로 골랐고, A 플러스 성적을 줄 거라고 발표했다.

그 소식을 들은 언니들이 축하 편지를 보내 주었다. 칼리오페는 그 편지들을 책상 위에 주르륵 붙여 놓았다. '내 동생, 최고! 정말 자랑스러워!', '이런 기쁜 소식이! 네가 뮤즈답게 잘 해낼 줄 알았어!' 같은 내용으로 가득했다.

그리고 오늘 아침, 복도에서 마주쳤을 때 제우스도 칼리오페에게 축하 인사를 건넸다. 제우스는 여신 헤라도 칼리오페의 계획을 듣더니 박물관도 세우고, 제우스의 교장실 정리 프로젝트도 거들 수 있으니 일석이조라며 특히 기뻐했다고 전했다.

"벌써 이렇게 많이 모이다니 대단해."

암피트리테가 말을 꺼냈다.

"내가 이 방으로 옮겨 오면서 원래 방을 비워 두길 잘 했지 뭐야. 바로 보관실이 생겼어!"

"응. 덕분에 쉽게 해결했어."

암피트리테의 예전 방이 이미 임시 보관실 역할을 충분히 하고 있지만, 고맙게도 제우스가 추가로 체육관 뒤쪽의 커다란 창고를 내주었다. 덕분에 바퀴가 부서져서 사용하지 않는 헬리오스의 전차처럼 커다란 물건이 들어와도 그곳에 너끈히 보관할 수 있었다. 칼리오페는 방 한쪽에 쌓아 둔 물건의 목록을 정리한 다음, 일단 암피트리테의 예전 방으로 옮겼다가 다가오는 주말에 모조리 체육관 뒤의 창고로 옮길 계획이었다.

지금까지 모은 물건 중에는 제우스가 내어놓은 것들이 가장 많았다. 제우스의 손끝에서 뿜어져 나온 불꽃에 그을린 쿠션 세 개, 제우스가 그린 페가수스 그림, 아테네에 지어진 제우스 신전 축소 모형, 헤라와 결혼할 때 입은 황금 튜닉과 긴 망토를 기증받는데, 추가로 보석이 박힌 낡은 왕좌도 주겠다고 약속했다. 헤라는 헤라대로 제우스가 어릴 적에 입었던 튜닉 몇 벌을 찾아내어 박물관을 위해 넘겨주었다. 이대로라면 제우스 전시관에 진열할 물품은 차고 넘칠 듯했다.

암피트리테가 물건 틈에서 리라를 꺼내어 살펴보더니 현을

"디리링!" 하고 튕겼다.

"이건 누가 줬어?"

"아폴론. 가장 처음 연주한 리라래."

칼리오페는 포스터에 '악기' 부문을 추가해야 할지 잠시 고민했다. 결론은 '필요 없다'였다. 악기는 이미 꽤 많았다. 사티로스족 마르시아스가 불었던 아울로스를 디오니소스가 내주었고, 아테나는 플루트를, 포세이돈은 드럼 세트를 기증했다. 님프 에코의 친구 판은 여러 종류의 피리를 보내왔다.

암피트리테는 리라를 내려놓고서 옹이가 진 작은 몽둥이를 집더니 칼리오페에게 이건 뭐냐는 표정을 지어 보였다.

칼리오페는 싱긋 웃으며 대답했다.

"헤라클레스가 보냈어. 지금 들고 다니는 커다란 몽둥이를 마련하기 전에, 그러니까 다섯 살 때 쓰던 몽둥이래."

"어머, 귀여워라!"

암피트리테는 몽둥이를 휘둘러서 침대에 놓여 있던 자기 베개를 바닥으로 휙 날리더니 농담을 툭 던졌다.

"이렇게 무기가 많으니 마음먹으면 전쟁도 벌이겠는걸?"

칼리오페는 "풋." 하고 웃음을 터뜨렸다.

암피트리테의 말대로였다. 수집품 중에는 무기가 정말 많았다. 아폴론과 아르테미스가 활쏘기 대회에서 우승할 때 썼던 활과 화살, 아레스의 창, 포세이돈과 암피트리테가 준 삼지창까지 모두 박물관의 무기 전시관에 진열될 예정이었다.

칼리오페도 자리에서 일어나 수집품 무더기를 살피기 시작했다. 곧이어 칼리오페는 하데스가 준 지하 세계 삼차원 모형을 암피트리테에게 보여 주고서 파피루스 두루마리 두 개를 집어 들었다.

암피트리테가 호기심을 보이며 물었다.

"칼리오페, 그게 뭐야? 오래된 두루마리 책이니?"

"그보다 훨씬 좋은 거야. 이건 《오디세우스》와 《일리아드》 원고야."

"대박! 엄청난데!"

암피트리테의 탄성에 칼리오페는 싱긋 웃었다.

'난 암피트리테의 저런 적극적인 반응이 참 좋아.'

물론 그 원고는 호메로스가 기증한 물건이었다. 신들의 박물관에선 주로 올림포스 학교 학생과 선생님의 물건을 전시할 예정이지만, 칼리오페는 이 원고를 보면 인간들이 기뻐하리라고 생각했다.

'호메로스가 쓴 이야기에는 신들이 자주 등장하잖아. 그럼

됐지, 뭐.'

호메로스는 심지어 고맙게도 원고에 사인과 함께 이런 문구까지 남겼다.

> 재능 넘치는 나의 뮤즈이자
> 영원한 친구 칼리오페에게 이 책을 바칩니다.

이 문구를 보고 칼리오페는 호메로스의 비판적인 태도를 용서하고, 자신의 짝사랑을 받아 주지 않은 데 대한 섭섭함을 풀 수 있었다.

'짝사랑?'

칼리오페는 갑자기 손가락을 딱 튕겼다. 혹시 구겨지거나 상할까 봐 옷장에 잘 모셔 둔 새 수집품이 떠올랐기 때문이었다.

"암피트리테! 내가 깜빡하고 있었네. 아프로디테와 헤라 님께서 옷을 기증해 줬거든. 한번 볼래? 아까 네가 수업 마치고 방으로 돌아오기 전에 도착했어."

곧바로 칼리오페는 옷장을 활짝 열었다.

"짜잔!"

공간을 만드느라 칼리오페의 옷은 모두 한 귀퉁이에 몰려 있었고, 아프로디테가 기증한 분홍색 옷 세 벌, 헤라가 내준 옷 세 벌이 화려한 모습을 자랑하고 있었다.

"우아! 진짜, 정말, 너무 예쁘다!"

암피트리테는 곧장 옷 한 벌을 집어 들었다. 치맛자락이 바닥에 닿고도 뒤로 3미터나 길게 늘어지는 황금빛 키톤이었다.

"헤라 님께서 결혼식 때 입으신 키톤이야."

칼리오페의 목소리에 자부심이 넘쳐 났다.

"교장 선생님께서 교장실을 싹 정리하고 치우시면 헤라 님은 옷장을 정리하고 비우겠다고 약속하셨대."

암피트리테는 반짝이는 치맛자락을 쓰다듬으며 중얼거렸다.

"이걸 보려고 오는 사람만 해도 어마어마할 것 같아. 불멸의 존재들도 당연히 몰려올 테고. 헤라 님께서 기꺼이 이걸 내주셨다니 믿기지 않아."

칼리오페가 고개를 끄덕였다.

"나도 아직 얼떨떨해. 그런데 헤라 님께서 그러시더라. 어차피 웨딩 키톤을 다른 행사에 입고 나갈 수도 없으니 사람들이 구경하며 눈 호강을 할 수 있도록 해야겠다 싶으셨대."

칼리오페는 선반 위에 놓아둔 기증 물품을 뒤지더니 뭔가를 꺼냈다.

"이것 좀 봐."

칼리오페의 손에 기다란 황금 장갑과 반짝이는 황금 왕관이 들려 있었다.

"헤라 님께서 결혼식 때 쓰신 건데 같이 기증해 주셨어."

암피트리테가 감탄하며 장갑과 왕관을 살펴보고 있는데, 열린 창으로 마법 바람이 쌩하고 불어 들어오더니 잡지 《십 대들의 두루마리》 최신호를 툭 떨어뜨리고 떠났다.

"내가 가 볼게."

칼리오페는 창가로 가서 두루마리를 집어 들었다. 그리고 곧바로 파마가 연재하는 '이 주의 소문' 코너를 펼쳤다. 지난주 파마는 영웅학 보드게임 판의 조각상이 싹 사라졌다는 소식을 전했다. 이번 주에는 어찌 된 일인지 사라진 조각상이 다시 안전하게 돌아왔다는 소식이 실려 있었다.

칼리오페는 빙그레 웃었다. 오직 칼리오페와 호메로스만이 영웅 조각상의 실종과 재출현에 얽힌 진짜 사연을 알고 있었다. 칼리오페는 호메로스가 작품에 대한 열정, 곤두박질치는 판매량에 대한 초조함 때문에 나쁜 결정을 내리게 되었다는 걸 이해했다.

'그래도 큰 피해는 일어나지 않았으니 굳이 호메로스를 곤란하게 만들 필요는 없잖아. 호메로스가 조각상을 훔치…… 아니…… 빌리려 한 사건을 스스로 밝힐 리는 없을 테니, 나도 아무한테도 말하지 않을래.'

칼리오페는 다시 두루마리 잡지를 말았다. 이따가 암피트리테와 번갈아 가며 기사를 소리 내어 읽어 볼 계획이었다.

'예전에 집에서 언니들과 늘 하던 것처럼 말이야.'

칼리오페는 기지개를 쭉 켜며 말했다.

"이제 좀 쉬면서 놀아 볼까?"

"좋았어."

암피트리테는 헤라의 장갑과 왕관을 조심스럽게 선반에 올려놓았다. 그러고는 칼리오페와 동시에 말을 꺼냈다.

"우리 같이……."

"우리 같이……."

둘은 다시 동시에 말을 멈추고서 까르르 웃었다.

"네가 먼저 말해."

칼리오페가 양보하자 암피트리테는 손사래를 쳤다.

"아니야. 칼리오페, 네가 먼저 말해."

칼리오페는 잠시 생각해 보고서 대답했다.

"이러면 어떨까? 셋 세면 동시에 말하는 거야. 자, 하나, 둘,

셋. 넥타르 셰이크 마시러 가자."

"수영하러 가자."

둘은 다시 마주 보며 웃음을 터뜨렸다. 칼리오페가 싱글거리며 물었다.

"그럼 수영하고 나서 넥타르 셰이크를 마시러 갈까?"

"좋아."

칼리오페는 수영복으로 갈아입고 위에 덧옷을 한 벌 걸쳤다. 암피트리테는 물에 뛰어들면 키톤은 수영복으로, 두 다리는 반짝이는 꼬리로 변할 터라 따로 옷을 갈아입지 않았다. 둘은 수건을 챙겨서 바로 문을 나섰다.

"먼저 도착하면 대장! 늦게 도착하면 술래!"

칼리오페가 소리치며 계단을 후다닥 내려갔다. 암피트리테도 웃으며 뒤를 바짝 쫓았다. 칼리오페는 올림포스 학교에서 지낸 시간 중 그 어느 때보다 마음이 가벼웠다.

'난 정말 행운아야! 이렇게 야호! 소리가 절로 나오는 멋진 룸메이트이자 친구를 만나다니! 난 이제 외롭지 않아. 늘 함께 수다 떨지만, 우리 둘 다 조용히 해야 할 때를 아니까. 서로에게 완벽한 친구야!'

칼리오페의 마음에 희망과 기쁨이 퐁퐁 샘솟았다.

'내가 설계한 박물관이 실제로 지어지다니 정말 멋진 일이야. 얼마나 걸릴까? 박물관이 지어진 뒤에도 계속 수집품을 늘려 가야지. 앞으로도 이 프로젝트는 계속될 거야. 생각만 해도 기뻐.'

칼리오페는 암피트리테와 함께 학교 현관문을 지나 푸른 하늘과 환한 햇살 속으로 나섰다. 앞으로 다가올 모든 날처럼 오늘 하루도 눈부시고 희망으로 가득했다.

옮긴이의 말

　'숙제해야 하는 건 알겠는데 하기 싫고, 학원 가야 하는 건 알겠는데 가기 싫고. 다른 친구 과제 도와줄 때는 아이디어가 샘솟는데, 내 과제는 생각만 해도 멍해지고. 가족들이 날 사랑하는 건 알지만, 잔소리는 듣기 싫고. 내가 짝사랑하는 친구는 다른 애만 쳐다보고. 솔직히 나도 내가 왜 저 애를 좋아하는지 모르겠고. 아, 난 왜 이렇지?'

　어디서 많이 듣던 이야기인가요? 혹시…… 여러분 이야기?

　비밀 하나 알려 드릴까요? 누구나 그런 때가 있답니다. 그런 시간 속에서 난 어떤 것이 좋고, 어떤 것이 싫고, 무엇을 잘하고 못하는지 조금씩 알게 되지요. 어른들은 그 시간을 '자아를 찾아가는 과정'이라고 부른답니다. '사춘기'라고도 하지요. 여러분의 고민은 지극히 자연스러운 거예요. 때로는 흔들리더라도 매일매일 꾸준히 지내다 보면 칼리오페처럼 생각이 분명해지고, 자신이 잘하는 것, 원하는 것을 깨닫게 되는 날이 온답니다. 그런 고민이 있을 때 여신스쿨 시리즈를 읽는 것도 도움이 되겠죠? 그렇게 한 뼘 성장한 순간, 행복이 여러분 곁에 더 가까이 다가올 거예요.

참, 〈올림포스 여신스쿨〉 시리즈가 독자 여러분을 만난 지 벌써 10년이 넘었어요. 첫 권 《아테나의 비밀》을 본 독자 중에는 이제 성인이 된 친구들도 있겠네요. 이번 《칼리오페의 고민》 편으로 올림포스 학교 학생들을 주인공으로 한 이야기는 꼭 스무 가지가 되었습니다. 거기에 특별판까지 더하면 모두 스물한 권에 다양한 아이들의 고민과 웃음과 우정이 담겼지요. 이야기 속에서 자신을 발견한 독자들, 위로나 고민 해결책을 찾은 독자들, 등장인물을 좋아해서 삽화를 따라 그리며 그림 실력을 키운 독자들까지 긴 여정에 함께해 주신 여러분께 온 마음을 다해 감사드립니다. 앞으로도 여러분 마음속의 여신들이 온 세상에 빛을 나누어 주길!

옮긴이 **김경희**

지은이 조앤 호럽, 수잰 윌리엄스

조앤 호럽은 문예상을 받은 작가로, 지금까지 어린이 독자를 위해 125권이 넘는 책을 썼다. 대표작으로는 《샴푸》, 《마멋 날씨 학교》, 《개는 왜 짖을까?》, 그리고 〈인형 병원〉 시리즈 등이 있다. 책에서 새로운 아이디어 얻기를 좋아한다는 점에서 네 명의 소녀 신 중 아테나와 가장 비슷하지 않나 하고 생각한다.

수잰 윌리엄스는 어린이를 위해 30권이 넘는 책을 썼고, 문예상 수상 작가이다. 대표작으로는 《책벌레 릴》, 《엄마가 내 이름을 모른대요》, 《우리 집 강아지는 부탁할 줄을 몰라》, 〈파워 공주〉 시리즈, 〈꽃봉오리 요정〉 시리즈가 있다. 남편분 말로는, 수잰 선생님은 귀찮은 질문(주로 왜 컴퓨터가 제대로 안 돌아가는지에 관한 질문이라고 한다)을 하는 판도라랑 비슷한 편이라고 한다. 물론 판도라는 절대로 컴퓨터를 쓸 일이 없겠지만.

옮긴이 김경희

초등학교 때 다른 아이들이 텔레비전을 보는 동안 《그리스 로마 신화》, 《일리아드》, 《오디세이아》, 《플루타르크 영웅전》을 줄줄 외울 정도로 읽고 또 읽었다. 제일 좋아하는 여신은 사냥의 신 아르테미스였는데 정작 본인은 운동에 영 소질이 없었다. 그래서 헤라클레스처럼 열두 가지 모험을 하고 올림포스산에 가 보고 싶었지만 엄두도 낼 수 없었다. 어린이 독자를 위해 〈올림포스 여신스쿨〉 시리즈를 번역하면서 신나는 모험을 즐겼다.

20 칼리오페의 고민

초판 1쇄 인쇄 2022년 12월 1일
초판 1쇄 발행 2022년 12월 20일

글 조앤 호럽, 수잰 윌리엄스　그림 싹이　옮김 김경희
발행인 양원석　발행처 (주)알에이치코리아(등록 2004년 1월 15일 제2-3726호)
본부장 김문정　편집 박진희, 김하나, 정수연, 고한빈　디자인 김태윤, 김미경
해외저작권 임이안, 함지영　영업마케팅 안병배, 이지연, 정다은　제작 문태일, 안성현
주소 08588 서울시 금천구 가산디지털2로 53, 20층(한라시그마밸리)
편집문의 02-6443-8921　도서문의 02-6443-8800　홈페이지 rhk.co.kr
블로그 blog.naver.com/randomhouse1　포스트 post.naver.com/junior_rhk
인스타그램 @junior_rhk　페이스북 facebook.com/rhk.co.kr

ISBN 978-89-255-7758-6 (74840)
ISBN 978-89-255-4737-4 (세트)

※ 제조자명 (주)알에이치코리아 | 제조국명 대한민국 | 사용연령 8세 이상
※ 종이에 손이 베이거나 모서리에 다치지 않게 주의하세요.
※ 잘못 만들어진 책은 구입하신 곳에서 바꾸어 드립니다.